2014年度浙江省社科联省级社会科学学术著作
出版资金资助出版（编号：2014CBZ02）

浙江省社科规划一般课题（课题编号：14CBZZ02）

当代浙江学术文库

DANGDAI ZHEJIANG XUESHU WENKU

环境侵权中侵害排除理论研究

——以中日法比较为视角

张 挺 著

中国社会科学出版社

图书在版编目（CIP）数据

环境侵权中侵害排除理论研究：以中日法比较为视角／张挺著.—北京：中国社会科学出版社，2015.12

（当代浙江学术文库）

ISBN 978 - 7 - 5161 - 7471 - 5

Ⅰ.①环…　Ⅱ.①张…　Ⅲ.①环境保护法—侵权行为—对比研究—中国、日本、法国　Ⅳ.①D922.684②D931.326③D956.526

中国版本图书馆 CIP 数据核字（2015）第 312001 号

出 版 人	赵剑英	
责任编辑	田　文	
特约编辑	胡新芳	
责任校对	王佳玉	
责任印制	王　超	

出　　版	中国社会科学出版社	
社　　址	北京鼓楼西大街甲 158 号	
邮　　编	100720	
网　　址	http://www.csspw.cn	
发 行 部	010 - 84083685	
门 市 部	010 - 84029450	
经　　销	新华书店及其他书店	

印　　刷	北京金瀑印刷有限责任公司	
装　　订	廊坊市广阳区广增装订厂	
版　　次	2015 年 12 月第 1 版	
印　　次	2015 年 12 月第 1 次印刷	

开　　本	710×1000　1/16	
印　　张	10.5	
插　　页	2	
字　　数	178 千字	
定　　价	36.00 元	

总　序

浙江省社会科学界联合会党组书记　郑新浦

　　源远流长的浙江学术，蕴华含英，是今天浙江经济社会发展的"文化基因"；35年的浙江改革发展，鲜活典型，是浙江人民创业创新的生动实践。无论是对优秀传统文化的传承弘扬，还是就波澜壮阔实践的概括提升，都是理论研究和理论创新的"富矿"，我省社科工作者可以而且应该在这里努力开凿挖掘，精心洗矿提炼，创造学术精品。

　　繁荣发展浙江学术，当代浙江学人使命光荣、责无旁贷。我们既要深入研究、深度开掘浙江学术思想的优良传统，肩负起继承、弘扬、发展的伟大使命；更要面向今天浙江经济社会的发展之要和人文社会科学建设的迫切需要，担当起促进学术繁荣的重大责任，创造具有时代特征和地方特色的当代浙江学术，打造当代浙江学术品牌，全力服务"两富"现代化浙江建设。

　　繁荣发展浙江学术，良好工作机制更具远见，殊为重要。我们要着力创新机制，树立品牌意识，构建良好载体，鼓励浙江学人，扶持优秀成果。"浙江省社科联省级社会科学学术著作出版资金资助项目"，就是一个坚持多年、富有成效、受学人欢迎的优质品牌和载体。2006年开始，我们对年度全额资助书稿以"当代浙江学术论丛"（《光明文库》）系列丛书资助出版；2011年，我们将当年获得全额重点资助和全额资助的书稿改为《当代浙江学术文库》系列加以出版。多年来，我们已资助出版共553部著作，对于扶持学术精品，推进学术创新，阐释浙江改革开放轨迹，提炼浙江经验，弘扬浙江精神，创新浙江模式，探索浙江发展路径，产生了良好的社会影响和积极的促进作用。

2013 年入选资助出版的 27 部书稿，内容丰富，选题新颖，学术功底较深，创新视野广阔。有的集中关注现实社会问题，追踪热点，详论对策破解之道；有的深究传统历史文化，精心梳理，力呈推陈出新之意；有的收集整理民俗习尚，寻觅探究，深追民间社会记忆之迹；有的倾注研究人类共同面对的难题，潜心思考，苦求解决和谐发展之法。尤为可喜的是，资助成果的作者大部分是我省的中青年学者，我们的资助扶持，不唯解决了他们优秀成果的出版之困，更具有促进社科新才成长的奖掖之功。

我相信，"浙江省社科联省级社会科学学术著作出版资金资助项目"的继续实施，特别是《当代浙江学术文库》品牌的持续、系列化出版，必将推出更多的优秀浙江学人，涌现更丰富的精品佳作，从而繁荣发展我省哲学社会科学，充分发挥"思想库"和"智囊团"的作用，有效助推物质富裕精神富有现代化浙江的发展。

2013 年 12 月

目　　录

序 章
中国法的问题状况与课题

一 中国环境民事诉讼中的侵害排除

雾霾、垃圾焚烧场、石油泄漏、重金属污染，关注新闻的话每天都能看到大量环境事件，令人揪心。如今，环境问题成了一个亟待解决的社会问题，并给民众的人身财产造成了巨大的损害。随之，年均环境污染纠纷在过去十年间也达到了十万件以上。[①] 然而，通过诉讼解决纠纷的比例却是极低的。[②] 其中，通过环境民事诉讼解决纠纷的比例也不高。虽然我们支持环境纠纷解决方式的多样化，但是不可否认的是，环境民事诉讼对于受害人权利的保护以及环境的可持续发展是具有重大意义的。此外，随着中国民众环境法律意识的提高以及对环境利益的重视程度的逐渐加深，中国今后环境民事诉讼可能会呈现增长趋势，[③] 随之人们也会逐渐意识到其重要性。

一方面，在中国，绝大多数的环境民事诉讼中，受害人往往同时请求损害赔偿和侵害排除。虽然法院认可损害赔偿的案件不在少数，但是压倒多数的案件中却对侵害排除的请求或是视而不见或是不予认可。[④] 然而，对于环境侵害的救济来说，比起事后救济的损害赔偿，侵害排除可能会起

[①]　中国环境保护部官网：http://zls.mep.gov.cn/hjtj/。但是，需要指出的是这里的统计数字仅仅包括行政处分以及行政复议的案件数，并不包括环境行政诉讼和环境民事诉讼等案件。

[②]　笔者难以找到准确的数字。但是以下两组数据可供参考。一个是诉讼解决纠纷的比例在1% 以下（武卫政《环境维权亟待走出困境》，载《人民日报》2008 年 1 月 22 日第 5 版），推算在2% 以下［王灿発「中国の環境紛争処理と公害被害者に対する法律支援」平野孝編『中国の環境と環境紛争』（日本評論社，2005 年）416 頁］。这与包括笔者在内的一般人的观感是一致的。

[③]　当然这种增长预期必然伴随对中国环境受理制度的改革，改变当前大量环境纠纷因各种外部干预而不能进入司法程序的现状。

[④]　其中一组案件的数据可参见吕忠梅ほか「中国環境司法の現状に関する考察——裁判文書を中心に」龍谷法学 43 卷 3 号 （2011 年） 384 頁。

到更为关键的作用。另一方面，中国的学说对于环境损害赔偿的研究虽然
已经积累到一定程度，却对环境民事诉讼中的侵害排除（以下简称"环
境侵害排除"）① 涉入未深。因此，中国环境侵害排除研究的重要性正是
本书的出发点。

二 中国法中环境侵害排除之概况

本书将于第四章详细分析中国环境侵害排除论的现状，在这里简单介
绍一下中国环境侵害排除论的概要以及特征。

（一）立法

首先，整理一下中国法中关于环境侵害排除的立法概要。与日本民法
中没有明文规定侵害排除不同，中国对于环境侵害排除的立法已经相对完
备了。作为民事一般法的《中华人民共和国民法通则》以及《侵权责任
法》都对侵害排除做出了详细的规定。《民法通则》第 134 条第 1 款中，
作民事责任的承担方式，② 列举了"停止侵害、排除妨碍、消除危险"。
此规定几乎被照搬进了《侵权责任法》第 15 条。其次，《侵权责任法》
第 21 条还规定"侵权行为危及他人人身、财产安全的，被侵权人可以请
求侵权人承担停止侵害、排除妨碍、消除危险等侵权责任"。本条可以被
视为侵害排除请求权的一般规定，但是本条与第 15 条的关系还有待进一
步明确。

在环境保护的相关法律中，一般也都设置了关于侵害排除的相关规
定。比如，作为环境基本法的《环境保护法》，其第 41 条第 1 款规定
"造成环境污染危害的，有责任排除危害，并对直接受到损害的单位或者
个人赔偿损失"。③ 此外，作为《环境保护法》的特别法，各大环境污染
防治法也规定了同样的侵害排除的内容。④ 在这里，虽然用词表达上与

---

① 本书中"侵害排除"是指侵害尚未发生或者侵害正在继续又尚未结束的情形。学者中有
称之为"停止侵害"、"排除危害"的，有称为"预防性民事责任"等。在立法中，民事法与环
境法中的称谓也有所不同，详见本书第四章。这里统一称为"侵害排除"。

② 日本法中并不存在与"承担方式"相对应的专业词汇，只能说这相当于"侵权行为的
效果"一词。本书还是依照中国法的习惯，在下文中称为责任方式。

③ 2014 年新《环境保护法》第 64 条规定关于环境污染的侵权责任参照《侵权责任法》，
删除了 1989 年《环境保护法》第 41 条的规定。本书引用还是以 1989 年条文为依据，下同。

④ 《海洋环境保护法》第 90 条、《水污染防治法》第 85 条、《大气污染防治法》第 62 条、
《固体废物污染环境防治法》第 85 条、《环境噪声污染防治法》第 61 条等。

《民法通则》、《侵权责任法》等民法系中的"停止侵害、排除妨碍、消除危险"有所不同，但是不可否认的是，两者都是关于侵害排除的规定。

从上述整理中可以看出，中国法对于环境侵害排除做出了明确的规定，且此类规定可以作为相关民事诉讼中的法理依据。但是，这些规定对于环境侵害排除的法律性质以及法理根据没有做出明确的规定。因此，对于环境侵害排除的性质有必要进行进一步探讨，这也是本书的出发点。

（二）学说

接下来简单整理一下中国有关环境侵害排除的学说。正如上文所述，在立法上，中国已经将侵害排除的内容放入相关法律中了。然而，其中的"停止侵害、排除妨碍、消除影响"是什么性质的责任承担方式呢？对于这个问题，学说上也存有争议，还没有形成各方都能接受的通说。

对于侵害排除的性质，中国的学说很早起就存在如下争论。即，是将"停止侵害、排除妨碍、消除危险"理解为以物权请求权为代表的绝对权请求权（或者说基于绝对权的请求权）的内容，还是将其视作侵权行为的责任方式。如果大致整理一下的话，可以称为吸收说以及区别说。

第一，所谓的吸收说指的是基于绝对权的请求权无须独立，而被吸收到侵权责任中来，将其定位为侵权责任的一种责任承担方式。[①] 理由主要有以下两点：首先我国从《民法通则》起便将"民事责任"作为独立的一章，可见并不仅仅将民事责任作为债权法的附属物，并且民事责任的承担方式也不仅仅适用于损害赔偿债权的场合。一般认为，《民法通则》以及《侵权责任法》借鉴了这种观点，而且一部分学者认为这也是中国法的特色。总之，作为侵权行为的责任方式吸收了传统上认为是绝对权请求权内容的侵害排除。其次，区分绝对权请求权与侵权请求权是困难的，前者可以认为是后者的一种情形（而被吸收）。比如说，物权请求权中的"妨害"与侵权请求权中的"损害"难以区分，还比如侵害排除与恢复原状的区别亦是不易。[②]

第二种学说是分别说。[③] 此说认为，绝对权请求权与侵权请求权是不同的两个概念，应当严格区分。主要的理由也有两点。首先，在一般侵权

---

①　这种学说的代表学者为魏振瀛教授。本书将在第四章具体探讨。

②　当然即使是吸收说也认为侵害排除的要件中并不包括"过失"这一要件。

③　此说的代表学者是崔建远教授。本书将在第四章具体探讨。

责任中，对于损害赔偿请求是要求存在过失的。如果侵害排除不要求过失要件的话，那么同一个侵权行为便存在两个归责原则，这就存在理论矛盾的问题了。其次，吸收说与诉讼时效制度存在冲突。也就是说，绝对权请求权不适用诉讼时效制度，如果将侵害排除视作侵权责任的承担方式的话，则必须适用诉讼时效，而这显然是不恰当的。

有关侵害排除是绝对权请求权还是侵权行为的责任方式之一的争论，一直是学术争论的重大问题，到目前为止也不见收敛的趋势。① 此外，这种争论也与如何定位"侵害排除"在民法中的地位有着密切的联系。关于这点，也将于第四章中详细论述。

同时，正如前文所述，作为环境民事责任的责任方式，《环境保护法》以及各环境保护特别法中并列规定了"排除危害"和损害赔偿。《民法通则》第 134 条以及《侵权责任法》第 15 条、第 21 条中的"停止侵害、排除妨碍、消除影响"与《环境保护法》第 41 条，以及各环境保护特别法中的"排除危害"至少在用词上出现了差异。因此，有少部分环境法学者认为，《环境保护法》第 41 条以及各大环境保护特别法仅仅规定了排除危害和损害赔偿，而不包括"停止侵害、排除妨碍、消除影响"等内容。② 但是，多数学说认为，"停止侵害、排除妨碍、消除影响"虽然与"排除危害"在表述上有所不同，但在内容、性质以及功能上基本是一致的。③ 当然，即使是少数学说也主张环境侵权可以适用《民法通则》以及《侵权责任法》中的责任承担方式。④ 因此，两学说并没有实质意义上的差异。

第三，中国的学说对于采用何种要件或者何种判断基准认可"停止

---

① 正如第四章所详述那般，上述两学说之外还存在折中说。即，既然在《侵权责任法》第 15 条规定了侵害排除的内容，那么在受害人的权利或者利益受到侵害之时，受害人既可以选择绝对权请求权也可以选择侵权法上的请求权，由当事人选择法律适用。

② 参见王灿发《环境法学教程》，中国政法大学出版社 1997 年版，第 97 页；吕忠梅《环境法学（第二版）》，法律出版社 2008 年版，第 156 页等。

③ 参见蔡守秋编《环境资源法教程》，高等教育出版社 2004 年版，第 409 页（钱水苗执笔）、金瑞林编《环境法学（第二版）》，北京大学出版社 2007 年版，第 138 页（金瑞林执笔）、周珂《环境法（第三版）》，中国人民大学出版社 2008 年版，第 88 页、汪劲《环境法学》，北京大学出版社 2006 年版，第 582 页等。

④ 参见吕忠梅《环境法学（第二版）》，法律出版社 2008 年版，第 157 页；王灿发《环境法学教程》，中国政法大学出版社 1997 年版，第 97 页等。

侵害、排除妨碍、消除影响"的探讨并没有太大的兴趣，因此理论探讨并不充分。一部分学者主张，对于因环境污染引起的受害，应该考虑某种程度的污染行为具有一定的合法性以及效益性，因而与损害赔偿相比应该限制侵害排除的适用，从而大力主张利益衡量论的应用。① 但是，对于以何种基准来考虑利益衡量的问题，并没有进行充分讨论。

（三）判例②

首先，正如前文所述，在环境民事诉讼中绝大多数情形被告会同时请求损害赔偿以及侵害排除。在法院判例中虽然认可损害赔偿请求的不在少数，但是对于侵害排除请求视而不见或者不予认可的判例是压倒性的。比如说，（2006 年）最高人民法院民二提字第 5 号（浙江省平湖市渔民诉五化学公司案件）③ 是一件由于水质污染而遭受损害的养殖户请求排污的化工企业侵害排除以及损害赔偿的案件。虽然最高人民法院认可了对于养殖场的损害赔偿请求，但是关于侵害排除却只字不提。其次，在判例中，鲜少言及侵害排除的法理依据，④ 而且对于侵害排除采用何种要件更是具有一定的随意性。⑤ 比如说在上海某光污染案件中，⑥ 法院虽然认可了侵害排除请求，但是对于其理论依据以及判断基准，都没有做出明确宣示。但是，对于环境利益的救济而言，侵害排除发挥着比损害赔偿更为重要的作用。因此，笔者认为对法院而言，尽可能明确界定侵害排除的判断基准，对抑制法院裁判的恣意性有重大意义。

三 中日比较的意义

上面简单描述了中国关于环境侵害排除的学说和判例的现状。在这

---

① 参见蔡守秋编《环境资源法教程》，高等教育出版社 2004 年版，第 409—410 页（钱水苗执笔）；罗丽《环境侵权侵害排除责任研究》，《河北法学》2007 年第 6 期，第 118 页等。

② 由于中国的判例并不是全部以判例集的形式予以公开（特别是 2013 年之前的判例），所以要整体把握中国环境侵害排除的判例概况是一件相当困难的事情。此外，中国现阶段的法学研究也并不重视判例的研究。由于以上诸多因素，本书中关于中国法院裁判的特征的分析结论是根据部分判例集、判例教材以及判例数据库等整理而来的。

③ 参见王燦発「中国において訴訟が環境権の保護および環境保全に果たす役割および今後の課題」新世代法政策学研究 6 号（2010 年）55—60 頁。

④ 参见文元春「中国の環境汚染民事差止についての序論的考察——中国の学説および判例を中心として（2 完）」早稲田法学会誌 62 巻 1 号（2011 年）272 頁。

⑤ 参见罗丽《中日环境侵权民事责任比较研究》，吉林大学出版社 2004 年版，第 339 页。

⑥ 《最高人民法院公报》2005 年第 5 期。

里，再次明确一下中国法的课题。首先，在环境利益受到侵害之时，有必要结合绝对权请求权与侵权请求权，探讨以何种法理作为请求侵害排除的依据。其次，笔者认为，更为重要的课题是明确侵害停止的要件及其判断基准。

对于以上两个课题，本书将目光转向日本法。那么为什么要选取日本法呢？日本法对于中国法而言有什么借鉴意义呢？了解日本法的人可能知道，日本民法中没有关于侵害排除的明确规定，但是日本学者围绕公害侵害排除的法理，尤其是基于何种法理根据请求侵害排除以及基于何种判断基准认可侵害排除，展开了长期的学术探讨以及论争。这种理论积累对中国法来说，至少在以下两点是具有参考意义的。第一，一方面，与日本法不同，中国法中以《民法通则》以及《侵权责任法》为代表，明确规定了侵害排除的内容，因此侵害排除的法条根据本身不会成为太大的问题。另一方面，由于相关法律并没有规定认可侵害排除的判断基准，因此如何认定侵害排除也尚未明确。此外，考虑到中国的环境民事诉讼中法官的素质以及法律适用等问题，尽可能明确侵害排除的判断框架是个非常急迫的课题。从这个意义上来说，日本关于侵害排除的海量学说以及判例对中国法实务具有非常重大的参考意义。第二，正如前文所述，在中国关于侵害排除与损害赔偿的关系、侵害排除请求权的性质等存在各种各样的议论。正如后文所述，这种议论对照日本关于权利说和侵权行为说的学说对立，可以从日本法上获益良多。总之，日本法关于环境侵害排除的学说和判例对于中国的理论以及实务界都具有重大的参考意义。

另外，在日本虽然对于环境民事诉讼中的侵害排除论（尤其是法理依据论）存在大量学术研究，但是还没有形成通说性学说，可以说日本对这个问题的探讨还处于一种学说混乱的阶段。因此，中国关于侵害排除与损害赔偿的相关讨论也可能对日本具有某些参考意义。① 此外，在日本

---

① 中日法学交流已经不能停留在日本做老师中国做学生的阶段了，即中日法学交流已经进入互相借鉴的阶段了。笔者在留学日本期间明显觉察到，日本教授已不满足于中国法的一些基本介绍，而是希望在制度上、方法论上展开更为深入、更加对等的对话，甚至希望在中国法上寻求理论参考。本书希望"反哺"日本学界，给日本民法侵害排除论提供参考。总之，中日法学交流开始从单向交流逐渐转变为双向交流。

最近债权法修改的过程中，人们也开始重新讨论了侵害排除的立法可能性。① 具有明确法律规定的中国法的情况或许对于日本的侵害排除立法论起到一定的参考意义。

四　本书构成

基于以上问题意识，本书的内容如下。

首先，在第一章中以 2009 年底公布的《侵权责任法》为线索，概括中国环境民事责任的到达点。这也是讨论环境侵害排除论的基础。这是因为在中国侵害排除是被定位为环境民事责任的承担方式之一。由此，对于侵害排除论的探讨，中国民法的整体把握，尤其是对于《侵权责任法》中的环境责任的分析是必不可少的。

其次，在第二章和第三章中，本书将比较法的对象锁定在日本法，探讨侵害排除论的理论根据及其要件。除了上文中所提及的理由，还有一个原因是在日本公害环境法的发展过程中，私法尤其是侵权行为法起到了关键的作用。② 这点与中国的情形也有着共通之处。具体来说，在第二章中主要探讨学说上日本环境侵害排除论的理论到达点，在第三章中分类分析日本法院实务中关于环境侵害排除诉讼的特点，在此基础上，总结出日本法可供借鉴之处。

最后在第四章中总结中国环境侵害排除论的学说和裁判实务的动向，分别从中国民法以及环境法两个视角，整理中国环境侵害排除论的实情。在此基础上，在最后的第五章，与第二章和第三章所探讨的日本法的情形进行比较，提出笔者对于中国环境侵害排除论的立法论、解释论以及笔者主张的理论定位。

---

① 虽然日本官方仅仅将注意力放在债权法的修改上，但是学者围绕侵害进行了深入排除讨论并提出了立法建议。参见大塚直「差止と損害賠償」加藤雅信編『民法改正と世界の民法典』（信山社、2009）129 頁以下（初出は「差止と損害賠償——不法行為法改正試案について」ジュリスト1362 号（2008 年）68 頁以下）。关于学者立法条文草案参见『法律時報増刊：民法改正国民法曹学界有志案』（日本評論社，2009 年）232 頁参照。

② 参见吉村良一『公害・環境私法の展開と今日的課題』（法律文化社，2002 年）。

第 一 章
中国《侵权责任法》与环境责任

　　1979 年以后伴随着改革开放工业化程度的不断加深，正如序章所言，中国的环境问题变得越来越令人担忧。其原因是多方面的，既有经济优先论思想的作祟，也有环境保护机构的不作为甚至渎职等原因。当然，也有部分原因是现行法存在不完备的地方。环境问题的解决有赖于各个部门法（行政法、刑法等）发挥其各自作用。一般认为，其中对于环境受害人的救济，民法（或者环境私法）应该发挥其更为关键的作用。

　　中国在 1986 年制定的《民法通则》中，对于环境侵权行为采取了无过错责任的原则（该法第 124 条）。在此基础上，在三年后制定的《环境保护法》中同时规定了"排除危害"和损害赔偿的相关内容（该法第 41 条）。① 此外，在诉讼法的领域，1992 年颁布的最高人民法院《关于适用中华人民共和国民事诉讼法若干问题的意见》（以下简称"1992 年司法解释"）以及 2001 年颁布的最高人民法院《关于民事诉讼证据的若干规定》，都试图通过司法解释探索证明责任倒置的问题。在这一系列立法动向的基础上，2009 年中国制定了自己的侵权行为法。② 本法以所有的侵权行为为规制对象，对环境侵权行为做出了专章的规定，可以说这是到目前为止关于环境侵权立法的到达点，可见其重要性。

----

　　① 在《水污染防治法》、《大气污染防治法》、《海洋环境保护法》等环境保护单行法中，根据《环境保护法》的内容和精神，也继承了无过错原则以及侵害排除等相关内容。

　　② 正式的名称叫《侵权责任法》。日语可以翻译为"権利侵害責任法"。本法的名字翻译成日文文献各有不同。比如有「中華人民共和国不法行為法」[森脇章・石黒昭吉（訳）法律時報 82 卷 2 号（2010 年）69 頁、西村峯裕・周哲（訳）産大法学 44 卷 1 号（2010 年）237 頁]，也有「中華人民共和国不法行為責任法」[王晨（訳）法学雑誌 53 卷 3・4 号（2010 年）606 頁、浅野直人・林中挙（訳）福岡大学法学論叢 55 卷 1 号（2010 年）161 頁、銭偉栄（訳）高岡法学 28 号（2010 年）197 頁] 等。此外，也有直接使用「権利侵害責任法」的译法 [比如住田尚之「中華人民共和国権利侵害責任法（不法行為法）の解説」NBL926 号（2010 年）72 頁、胡晗「中国『権利侵害責任法』の制定について」国際商事法務 38 卷 2 号（2010 年）243 頁]。

在上述立法现状的基础上,本章的目的是,探究中国环境民事责任的理论到达点。具体来说,首先简单回顾中国民法全体的立法动向,其次总结 2009 年《侵权责任法》的特点。在此基础上,集中对其与本书主题有关的三个问题(因果关系的证明、违法性要件的要否、侵害排除)进行梳理。

第一节 中国民法的动向与《侵权责任法》的制定

一 民法的动向

(一) 制定民法典的尝试

众所周知,到目前为止中国并没有制定民法典,而是由几个民事单行法组成了理论上的中国民法。从历史上看,从清末到现在有过几次制定民法典的尝试。最早的民法典是清朝末年的《大清民律草案》(1911 年)。这部民法典草案是在日本法学界人士松岗义正等人的帮助下起草的,因此也受到了日本法的强烈影响。该草案最终因为清朝的土崩瓦解而没有实施。其后,中华民国于 1929 年在参考了大陆法系的民法典的基础上制定了《中华民国民法典》。该法典也就是目前台湾地区民法典。[①]

1949 年中华人民共和国成立。当时的中国政府宣布废止国民政府的六法全书,从那以后中国试图重新构筑全新的民事法体系。到今天为止,官方进行的这种尝试已经有四次了,也就是说 1949 年以后存在四部民法典草案。第一次是从 1954 年到 1956 年在苏联民法的强烈影响下起草的草案。但是因为 1956 年开始的政治运动而没有被提交审议,以失败告终。第二次是 1962 年至 1964 年起草的草案。这次也因为 "文化大革命" 的影响受到了挫折。第三次是进入改革开放的时代于 1979 年开始起草的作业。其后,中国依次制定了《婚姻法》、《民法通则》、《合同法》、《物权法》等单行法。但是这一系列的立法并没有结出中国民法典的果实。第四次是 2001 年后中国正式加入世界贸易组织,"入世" 也成为我国梳理和完备国

---

① 关于这段历史的研究,参见张生《中国近代民法法典化研究》,中国政法大学出版社 2004 年版,第 1 页以下;西村幸次郎编『現代中国法講義(第三版)』(法律文化社,2008 年)第 5 章民法(周剑龍执筆)91 页以下。

内法的推动力。在这过程中，中国于 2002 年起草了一个民法典草案（以下简称 2002 年民法典草案）。这个草案也是新中国成立以来首部交付立法机关审议的草案。但是此后由于审慎立法的意见逐渐抬头，该草案再次被搁置而没有成为现行法。①

可见，中国民法典的立法尝试遭受了多次的挫折。其原因是多种多样的，笔者认为主要在以下三点。首先，私有财产应当受到保护的思想并没有深入浸透到社会主义中国，因此这也成为以私权保护为基本的民法典的立法障碍之一。其次，在民法典的立法过程中，历史上反反复复的政治运动也为民法典的制定投下了阴影，使得法律的制定不得不面对推倒重来的困境。最后，中国法学界对于民法理论的积累还不够充分，现在的民法理论基本上都是改革开放后才建立起来的，不过三十多年。而民法典是一个从概念、制度到体系、思想都需要深入研究的法典。而到目前为止，我国民法学界对于许多问题还没有相对统一的意见，草率上马确实也不是明智之举。

（二）现行民法的学说和将来可能的路径

如前文所述，中国自改革开放后已经制定了几部重要的民事单行法。首先，通过这些法律我们可以把握中国民法的现状。

制定年份	法律名称	潘德克顿式民法典中的位置	将来中国民法典编别
1986 年	《民法通则》	总则编、物权编、债权编、涉外法律适用编②的一部分	总则
2007 年	《物权法》③	物权编	物权编

---

① 新中国成立后（1949 年后）的民法制定史，参见何勤华《中华人民共和国民法史》，复旦大学出版社 1999 年版，第 1 页以下；野村好弘ほか『中国民法の研究』（学陽書房，1987 年）2—3 頁、高見澤磨、鈴木賢『中国にとって法とは何か』（岩波書店，2010 年）180 頁以下、高見澤磨「中国民法の総論的分析序説」ジュリスト1406 号 30 頁以下。其中高見教授的论文指出，到 1991 年底为止的立法（《民法通则》等）都是在以计划经济体制为主市场经济为补充的背景下制定的，1992 年后全面导入市场经济也对民法产生了重大影响。

② 全国人大常委会已于 2010 年 10 月 28 日通过了《涉外民事关于法律适用法》，并于 2011 年 4 月 1 日开始施行。参见袁藝「中国の『涉外民事関係法律適用法』」国際商事法務 38 巻 11 号（2010 年）1509 頁以下。

③ 此前存在《担保法》（1995 年）等相关法律。

续表

制定年份	法律名称	潘德克顿式民法典中的位置	将来中国民法典编别
1999 年	《合同法》①	债权编的一部分	债权编
2009 年	《侵权责任法》	债权编的一部分	侵权责任编
1980 年	《婚姻法》等②	亲属编	亲属编
1985 年	《继承法》	继承编	继承编

从上表不难发现，中国民法典的立法作业的路径已经非常明显，那就是在解决各个单行法的问题之后，再合并各个单行法组成一部有机统一的民法典。2002 年民法典草案便是这种立法计划下的产物。但是必须指出的是，到目前为止中国还没有明确的制定民法典的时间表。

其次，关于未来民法典的课题，以下三个问题是难以回避的。第一，人格权法是否应该独立一篇。传统的民法典是以财产法为中心构建起来的，人格权的保护并未受到多大的重视。但是，现代社会中人格权保护的意义甚至被提到财产权之上。因此，最近中国正在热烈探讨人格权法的独立化。第二，在民法典中如何配置知识产权的问题。与人格权的保护一样，知识产权保护问题是中国社会的重大课题。因此，在民法典中如何定位这种全新的权利类型也是中国民法的重大课题之一。第三，在事关民法典全体的体系性的问题上，是否设置债权总则编也是最近中国民法学界的话题。从整体上来看，可以预见的是中国将来的民法典是以潘德克顿体系为基础，加入许多"异色"（或者说是特色）。③ 关于中国民法典学说的争论估计还要持续一段时间。在此过程中，是跟随传统潘德克顿民法的脚步设置债权总则，还是采取重视不同债权发生的原因的体系，将成为一个重大的理论问题。④

---

① 此前存在《经济合同法》（1981 年）、《涉外经济合同法》（1985 年）、《技术合同法》（1987 年）。本法是在合并统一了上述三法的基础上制定的。

② 除了《婚姻法》，还有《收养法》等法律。

③ 比如 2002 年民法典草案的编别是：第一编总则（117 条）、第二编物权法（329 条）、第三编合同法总则·分则（454 条）、第四编人格权法（29 条）、第五编婚姻法（50 条）、第六编养子法（33 条）、第七编继承法（35 条）、第八编侵权行为法（68 条）、第九编涉外民事法律的适用（94 条），总共 9 编 1209 条。

④ 参见藤冈康宏「中国民法典草案の意義—債権総則の必要性及び不法行為法の発展について」早稲田法学 79 巻 1 号（2003 年）227—243 頁。

二 2009 年《侵权责任法》的特色

如上文所述,中国于 2009 年制定了作为单行法的《侵权责任法》。该法是根据 2002 年民法典草案中的侵权行为编而制定的,并于 2010 年 7 月 1 日起开始实施。

在制定侵权法的过程中,最初学者便对该法律的名称是采取"侵权行为法"还是"侵权责任法"产生了分歧。一方面,前者(行为说)的立场认为侵权法的本质在于行为。因此,侵权法主要是规制行为者的行为样态以及其他学说要件,而责任的基础也在于侵权行为。① 另一方面,后者(责任说)认为,侵权法的本质在于责任。同时,现行的《民法通则》第六章对"民事责任"做了专章规定,其中就规定了合同责任和侵权责任。因此,如果继续维持这种立法构造的话,作为单行法的《侵权责任法》自然也是以责任为基础的。② 此外,责任说还对行为进行了如下批判。行为说过分强调了自我行为,然而现代社会中人们渐渐需要对他人的行为也承担责任。还有,行为说过分强调了过失。但是,现代社会中公平责任、危险责任、不以过错为要件的责任等新情况却不断涌现。③ 在这种争议的过程中,立法者采取了"侵权责任法"作为正式名称。也就是说,这场争论在立法层面上以责任说的胜利告终。

2009 年《侵权责任法》的制定会给实务带来什么影响,如何评价这部法律,这些问题还有待日后的评价,但是该法至少具有以下几个特色。④

(一) 侵权法的独立化

2009 年《侵权责任法》的制定再次确认了侵权法在中国民法体系中

---

① 参见梁慧星「中国権利侵害責任法の制定」早稲田大学孔子学院编『日中民法論壇』(早稲田大学出版部,2009 年)17 頁以下。

② 参见郭明瑞《侵权行为法还是〈侵权责任法〉》,中国社会科学院网站,http://www.cass.net.cn。

③ 参见王利明《我国侵权法起草中的主要疑难问题》,第二届中欧侵权行为法国际研讨会发言,参见中国民商法律网,http://www.civillaw.com.cn。

④ 关于 2009 年《侵权责任法》的立法背景和经过,参见住田尚之「中国における新しい不法行為法の制定」ジュリスト1406 号(2010 年)46 頁以下;朱曄「中国の侵権責任法(不法行為法)の概要と比較法的特徴」静岡大学法政研究 15 巻 1 号(2010 年)5 頁以下;高見澤磨、鈴木賢『中国にとって法とは何か』(岩波書店,2010 年)199 頁以下。

的独立地位。这种侵权法的独立化，至少具有以下两种意义。

首先，《侵权责任法》作为单行法的意义。一方面，在传统大陆法系理论上，侵权法是民法债权法的一部分，与合同、不当得利、无因管理共同成为债权的发生原因之一。可见，侵权法不过是民法中债权法的特殊一部分而已。这种情况反映到大陆法系的民法典中，往往侵权法的条文数是相当少的。比如说法国民法典关于侵权行为的条文只有 5 条而已，日本民法是 16 条，德国民法也不过 31 条。另一方面，侵权法对于现代社会的意义并非无关紧要。2009 年《侵权责任法》是全世界第一部以全部侵权行为为规制对象的成文单行法。① 此举意在将侵权法从债权发生原因这种定位中解放出来，将其确定为独立的法部门。这点与英美法（Tort Law）的做法可谓有几分相似。

其次，侵权法的独立化还有一个意义是在目前推进中的统一民法典作业中，侵权编可能从债权编中独立出来而作为单独的一编。虽然这种立法设计遭受了来自维持传统民法理论的学说的诸多批判，但是 2002 年民法典草案已经设置了独立的侵权行为编。可以说，这一趋势在 2009 年《侵权责任法》中得到了进一步确认。支持侵权编独立成编的学者提出了以下几个理由。② 第一，比起债权法的组成部分的性质，侵权法更具有独自的特性。侵权行为的承担方式是多种多样的，而且债权法的有些原则在侵权法中并不能适用。此外，侵权法的原则也难以融入债权法的体系中。加之，现代社会的侵权行为的多样性和复杂性是债权法难以承受的。第二，侵权法的本质本来就是责任法而不仅仅是损害赔偿法。传统的侵权法将损害赔偿请求权的发生作为唯一的承担方式，这对于受害人的救济是不够的。第三，为了确保法律的安定性，应该设置更为详细的规定。大陆法系的侵权法条文往往过于简单抽象，在法律适用的过程中法官的自由裁量权过大。这种情况放在法治先进国家如欧美、日本虽然不会成为大问题，但是从法律适用的实际看，在中国是有问题的。此外，对于全新的侵权行为类型，依据何种基准，适用什么法律，对于中国的法官也是一个难题。正

---

① 参见杨立新《我国〈侵权责任法〉草案对国外立法经验的借鉴》，《中国法学》2009 年第 5 期，第 129 页。

② 参见王利明《论侵权行为法的独立成编》，《现代法学》2003 年第 4 期，第 3—15 页。于敏「中国民法・不法行為法の起草について」比較法学 36 巻 2 号（2003 年）140—141 頁。

是基于上述种种因素，在中国有必要设置更为详细的侵权法的规定。最后，从《民法通则》上来看，侵权编也应该独立成编。《民法通则》对债权法和侵权法做了分开规定，已经迈出了侵权独立化的步伐。此外，2007 年制定的物权法虽然也有物权请求权的相关规定，但是同时也有必要在《侵权责任法》中规定损害赔偿请求权以及绝对权请求权的内容。①

（二）大陆法系和英美法系的双重影响

2009 年《侵权责任法》虽然继承了大陆法系的成文法传统，但是受到英美法系的影响，也出现了独立化的趋势。这种大陆法系和英美法系的双重影响还体现在以下几个方面。

首先，2009 年《侵权责任法》是一般条款和具体规定的结合。大陆法系侵权法的立法模式一般采取的是抽象性条文概括所有类型的侵权行为类型。与此相对，英美法系则是规定尽可能多的具体侵权行为类型以对应具体案例。比如说，美国的侵权法重述（Restatement of Tort Law）规定了13 种具体的侵权行为类型。英国法也有 8 种侵权行为。② 2009 年的《侵权责任法》糅合了大陆法系一般性抽象性条款的模式与英美法系具体性个别性条款的模式，同时具有双方的特点。

其次，损害填补与惩罚性赔偿并存。与大陆法系的侵权行为法一样，2009 年《侵权责任法》也是以损害填补作为侵权法的主要目的，但是也包括了一些英美法系中才存在的惩罚性损害赔偿的规定。③《侵权责任法》第 47 条吸收了《消费者权益保护法》第 49 条④以及《食品安全法》第96 条⑤的立法经验，规定了惩罚性赔偿的相关内容。根据立法者的观点，

─────────────

① 参见王利明《论侵权行为法的独立成编》，《现代法学》2003 年第 4 期，第 11—13 页。

② 参见（德）冯巴尔《欧洲比较侵权行为法（上）》，张新宝译，法律出版社 2002 年版，第 337—355 页。

③ 关于中国惩罚性赔偿的立法理由以及议论，参见全国人民代表大会常务委员会法制工作委员会民法室《中华人民共和国〈侵权责任法〉解读》，中国法制出版社 2010 年版，第 233 页以下。

④ 《消费者权益保护法》第 49 条：经营者提供商品或者服务有欺诈行为的，应当按照消费者的要求增加赔偿其受到的损失，增加赔偿的金额为消费者购买商品的价款或者接受服务的费用的一倍。

⑤ 《食品安全法》第 96 条：违反本法规定，造成人身、财产或者其他损害的，依法承担赔偿责任。生产不符合食品安全标准的食品或者销售明知是不符合食品安全标准的食品，消费者除要求赔偿损失外，还可以向生产者或者销售者要求支付价款十倍的赔偿金。

惩罚性赔偿的主要目的不在于填补受害人的损害，而是惩罚以及抑制故意侵权行为。从惩罚的功能来看，惩罚性损害赔偿的作用不在补偿而在于通过抑制效果提高加害人的注意义务。① 但是，2009 年《侵权责任法》的惩罚性损害赔偿还有以下两个问题需要解决。第一，惩罚性赔偿的适用范围仅仅限于产品责任。② 关于这点，在立法讨论阶段，有观点指出应该至少在恶性环境污染、故意人身损害等场合也应该采取惩罚性损害赔偿。③第二，关于赔偿额度，《消费者权益保护法》第 49 条规定了双倍赔偿，《食品安全法》第 96 条规定了最高十倍赔偿的条款，然而 2009 年《侵权责任法》却没有赔偿额度的相关规定，自然也就不清楚法院裁量的范围了。

（三）归责原则的特色

接下来是归责原则的特色。

从制定《民法通则》到今天为止，中国民法学界对于侵权行为的归责原则阐述了各种学说见解。④ 简单整理一下的话，这些见解可以分为一元说、二元说、三元说以及四元说。首先，一元说认为侵权行为的归责原则只能是也仅仅是过失责任。根据此说观点，对于法律中规定的不以过失为要件的场合，这种责任是一种特殊例外的情况。其次，二元说认为侵权行为法的归责原则可以大致分为过失责任和无过失责任。此说认为，中间责任是过失责任的一种而不能被视作独立的归责原则，而且公平责任的规定只是在判断赔偿范围之时需要考虑的要素，并不是一般的归责依据的规定。再次，三元说认为中国的归责原则有过失责任、无过失责任、过错推定责任，或者过失责任、无过失责任、衡平责任。最后，四元说认为过失责任、无过失责任、过错推定责任和衡平责任都是归责原则。⑤ 在这些学

---

① 参见全国人民代表大会常务委员会法制工作委员会民法室《中华人民共和国〈侵权责任法〉解读》，中国法制出版社 2010 年版，第 236 页。

② 参见谢哲胜《中华人民共和国侵权行为法草案综合评析》，《社会科学》2008 年第 9 期，第 94 页。

③ 参见杨立新《我国〈侵权责任法〉草案对国外立法经验的借鉴》，《中国法学》2009 年第 5 期，第 133—134 页。

④ 关于学说概况，参见梁慧星「中国権利侵害責任法の制定」早稲田大学孔子学院编『日中民法論壇』（早稲田大学出版部，2009 年）20 页。

⑤ 参见王利明《〈侵权责任法〉的中国特色解读》，《法学杂志》2010 年第 2 期，第 1—6 页。

说中，支持二元说的学者最多。①

那么立法在这诸多学说中采取了哪种观点呢？首先，《民法通则》第106条②规定了过失责任与无过失责任，在第132条规定了衡平责任。③ 只是从条文的位置来看，该法仅仅将过失责任与无过失责任视作归责原则。这点从最高人民法院2003年的司法解释中可见一斑。《关于审理人身损害赔偿案件适用法律若干问题的解释》就《民法通则》规定的无过失原则提出了各种不同的解释条款。这表明无过失责任是与过失责任同等重要的归责原则。④ 与此同时，2009年《侵权责任法》除了过失责任和无过失责任，也有衡平责任和公平责任的规定。该法采取了何种归责原则看上去并不明显。对此，作为该法起草人之一的王利明教授认为，该法是按照下述理念构筑归责原则的。⑤ 先在第一章"一般规定"中规定了因侵害民事权益而承担侵权责任（第2条），在第二章"责任构成和责任方式"中分别规定了过失责任（第6条第1款）、过错推定责任（第6条第2款）、无过失责任（第7条）以及衡平责任（第24条）。此外，从第五章到第十一章，分别规定了产品责任、环境责任等个别类型的归责原则。其中，除了医疗损害责任，主要采取了无过失责任。但是，对于该法如此大范围认可无过失原则，有学者认为，原因可能是社会主义中国在制定侵权法的过程中，首先强力推进的是受害人的补偿。⑥

---

① 参见黄芬《侵权法立法上重大疑难问题——中国民法学会2008年年会回顾》，《河北法学》2009年第2期，第18页。

② 《民法通则》第106条第2款、第3款：公民、法人由于过错侵害国家的、集体的财产，侵害他人财产、人身的，应当承担民事责任。没有过错，但法律规定应当承担民事责任的，应当承担民事责任。

③ 《民法通则》第132条：当事人对造成损害都没有过错的，可以根据实际情况，由当事人分担民事责任。

④ 同时，2002年民法典草案也继承了《民法通则》的精神采取了二元说。

⑤ 参见王利明《〈侵权责任法〉的中国特色解读》，《法学杂志》2010年第2期，第1—6页。

⑥ 参见谢哲胜《中华人民共和国侵权行为法草案综合评析》，《社会科学》2008年第9期，第93页。另外，有学者认为此举减弱了过失责任所具有的保障个人行动自由的功能，缩小了人们行动自由的范围。比如，朱晔教授认为"2009年《侵权责任法》过失责任与过失推定责任、无过失责任的并重的构造很容易给人以限制行动自由的印象"［参见朱暐「中国の侵権責任法（不法行為法）の概要と比較法的特徴」静冈大学法政研究15卷1号（2010年）19頁］。

其次，该法第二章中设置的衡平责任（公平责任）也引起了许多学者的注意。① 第24条规定"受害人和行为人对损害的发生都没有过错的，可以根据实际情况，由双方分担损失"。对于该规定，学说上多数认为，这并不是独自的归责原则，而是关于损害（或者损失）的分担规则。但是，从第24条是放在第二章责任说和责任方式的位置来看，也是可能解释为独立的归责原则的。② 此外，有人指出，这条规定从表述上没有做出任何限制，在司法实践中可能出现适用扩大化的问题。③

归责原则的特色中还有一点不得不提的就是2009年《侵权责任法》根据侵权类型设置了不同的归责原则，我们可以称为"归责原则的多样化"。比如说首先在第七章医疗损害责任中，对医疗机构及其医务人员采取了过失责任（第54条），但是患者因隐匿或者拒绝提供与纠纷有关的病历资料以及伪造、篡改或者销毁病历资料受到损害之时，则采取过失推定责任（第58条）。而对药品质量产生损害的情况下，医疗机构就和药品的生产者一样，需要承担无过错责任（第59条）。其次，在第九章高度危险责任中，第69条一般高度危险作业的情况下采取了无过错责任，而在核设施以及民用航空器致害责任的场合下，受害人的故意可以成为免责事由（第70条、第71条）。此外，在易燃、易爆、剧毒、放射性等高度危险物以及高空、高压、地下挖掘活动或者使用高速轨道运输工具等高度危险作业的情况下，免责事由上还增加了"不可抗力"（第72条、第73条）。④ 最后，第十章饲养动物损害责任中，第78条规定了无过错责任并以受害人的故意或者重大过失作为责任减免的事由，而对危险动物引起损害的情况下，则没有这种减免事由（第80条）。但是，对于动物园的

---

① 关于中国衡平责任（公平责任）的立法过程，参见全国人民代表大会常务委员会法制工作委员会民法室《中华人民共和国〈侵权责任法〉解读》，中国法制出版社2010年版，第104页以下。

② 也有学者认为《侵权责任法》第24条提出了独立的归责原则——公平责任。参见王利明《〈侵权责任法〉的中国特色解读》，《法学杂志》2010年第2期，第1—6页。

③ 参见住田尚之「中国における新しい不法行为法の制定」ジュリスト1406号（2010年）51頁。

④ 与此相对，《民法通则》规定在高度危险责任中一律采取无过错责任，对免责也没有做出规定。

责任，则规定了"能够证明尽到管理职责的，不承担责任"，是一种过错推定责任（第81条）。①

（四）保护的权益以及责任方式的多样化

2009年《侵权责任法》第2条第1款规定，侵权责任的成立要件包括侵害"民事权益"（权利和利益）。该条第2款还列举了几种"民事权益"，大致可以分为以下三类：①人身权——主要是生命权、健康权、姓名权、名誉权、荣誉权、肖像权、隐私权等人格权，以及婚姻自主权、监护权等身份权；②财产权——主要是所有权、用益物权、担保物权等物权；③兼具人身权和财产权的权利——主要有著作权、专利权、商标专用权、发现权等知识产权，以及股权、继承权等。② 此外，该款还在最后加了"等"字，扩大了今后法律解释的可能性。如此，与日本民法第709条③中的"他人的权利或者受法律保护的利益"一样，2009年《侵权责任法》中的"民事权益"也是一个开放性概念。但是，有学者指出，虽然"民事权益"的广度可以促进受害人的救济，以期促进社会的安定，但是随着保护对象的扩大，《侵权责任法》缺乏对个人行动自由的范围的萎缩的顾虑。④ 如果比较一下日本学界最近"从权利侵害到违法性的转变"，保护法益的扩大⑤等相关议论，有必要进一步讨论《侵权责任法》中的"民事权益"的范围。

此外，2009年《侵权责任法》还有一个显著特色在于侵权责任的承担方式的多样化。该法第15条第1款中还是继承了《民法通则》的精神，在侵权责任的承担方式中，除了损害赔偿，还列举了侵害排除、恢复

① 与《民法通则》第127条相比，《侵权责任法》增加了危险动物致害以及动物园致害两种情况。

② 参见胡晗「中国『権利侵害責任法』の制定について」国際商事法務38卷2号（2010年）243頁。

③ 日本民法第709条是规定一般侵权行为的条款。该条规定："因故意或过失侵害他人权利或者受法律保护的利益的人，对于因此所发生的损害负赔偿责任。"

④ 参见朱曄「中国の侵権責任法（不法行為法）の概要と比較法的特徴」静岡大学法政研究15卷1号（2010年）10頁。

⑤ 关于日本侵权行为法中保护利益的扩大倾向，参见能見善久「新しい法益と不法行為法の課題：総論」NBL936号8頁；（日）吉村良一《日本侵权行为法学的最新动向——保护法益的多样化与侵权行为法的基本要件》，张挺译，《北航法律评论》2011年第1卷，第67页以下。

原状、赔礼道歉等方式。此外，在第 22 条规定了精神损害赔偿，[①] 第 47 条规定了惩罚性损害赔偿。

（五）共同侵权

2009 年《侵权责任法》对于复数侵权行为人的侵权责任分别规定了行为人之间存在共同性的情形和行为人之间不存在共同性的情形。首先，属于前者情形的包括：二人以上共同实施侵权行为，造成他人损害的（第 8 条）和教唆、帮助他人实施侵权行为的（第 9 条）。值得一提的是围绕第 8 条的共同侵权责任中的共同性的解释，学说上向来就存在主观说和客观说。[②] 根据主观说的意见，[③] 如果行为人之间不存在意思联络或者没有共同的过失便不认可存在共同性，可见采取此说第 8 条的适用范围就相对要窄些。与此相对，客观说认为，无须按照关联的程度而是应该根据行为人之间有无客观存在的共同性进行判断。[④] 由此可以想象，该说使得侵权行为的范围更宽些。其次，后者的情形还可以分为各行为人的行为与损害之间存在因果关系和不存在因果关系这两种情形。其中《侵权责任法》第 11 条和第 12 条规定了前者的情形。第 11 条规定"二人以上分别实施侵权行为造成同一损害，每个人的侵权行为都足以造成全部损害的，行为人承担连带责任"。也就是说，在这种情况下，法律后果是与第 8 条一样的。与此相对，第 12 条规定"二人以上分别实施侵权行为造成同一损害，能够确定责任大小的，各自承担相应的责任；难以确定责任大小的，平均承担赔偿责任"。如果说第 11 条是累积性因果关系的话，那么第 12 条规定的则是部分性因果关系。不过这里的条文仅仅规定了"责任"的大小，而"责任"中除了因果关系（或者原因力）之外还需要考

----

① 中国过去对于精神损害赔偿的相关司法实践是非常保守的。1986 年的《民法通则》完全没有精神损害赔偿的相关规定。其后，最高法院于 2001 年公布了《关于确定民事侵权精神损害赔偿责任若干问题的解释》。但是在法律层面上，2009 年《侵权责任法》才首次以（狭义）法律形式规定了精神损害赔偿。可以说，这打开了中国精神损害赔偿诉讼之门。

② 关于学说以及立法者的考虑，参见全国人民代表大会常务委员会法制工作委员会民法室《中华人民共和国〈侵权责任法〉解读》，中国法制出版社 2010 年版，第 41—43 页。

③ 参见王利明《〈侵权责任法〉的中国特色解读》，《法学杂志》2010 年第 2 期，第 1—6 页。

④ 参见杨立新《共同侵权行为及其责任的〈侵权责任法〉立法抉择》，《河南政法管理干部学院学报》2006 年第 5 期，第 3—6 页；杨立新《侵权责任》，法律出版社 2010 年版，第 96 页以下。

虑哪些因素则是一个今后不得不思考的问题。另外，第 10 条规定了不存在因果关系的情形，"二人以上实施危及他人人身、财产安全的行为，其中一人或者数人的行为造成他人损害，能够确定具体侵权人的，由侵权人承担责任；不能确定具体侵权人的，行为人承担连带责任"。这与日本民法有相似之处。根据日本民法第 719 条第 1 款后半段 "不知共同行为人中的何人造成损害的"，其与狭义共同侵权具有一样的效果。也就是说，对于加害人不明的情况，在日本法中是根据共同性要件来确定承担连带责任的行为人的，而在中国法中是以是否有危及他人的人身财产的行为为标准来决定是否承担连带责任，而并不要求共同性。此外，第 10 条是以因果关系的存在是否明确为出发点的，对于这里是否牵涉原因力的问题，并没有做出明文规定。这点只能再做讨论了。

第二节　2009 年《侵权责任法》与环境侵权责任

一　导论

中国从《民法通则》起便规定了环境侵权的相关内容，即该法第 124 条规定 "违反国家保护环境防止污染的规定，污染环境造成他人损害的，应当依法承担民事责任"。可见，中国从环境民事立法的最初开始，便采取了无过失责任的归责原则。其后，1989 年制定的《环境保护法》也在第 41 条规定了侵害排除和损害赔偿的原则性内容。同时，该法对于环境侵权诉讼的诉讼时效做出了一般侵权行为（2 年）所不同的规定，而是 3 年。受到《环境保护法》的影响，在《水污染防治法》、《大气污染防治法》等相关单行法中也基本上采纳了上述内容，规定了几乎一样的内容。①

在诉讼法层面，以 1992 年司法解释为开端，开始涉及环境诉讼中举证责任的问题了。这在 2001 年《关于民事诉讼证据的若干规定》中首次明确了举证责任倒置的条款。2009 年《侵权责任法》以独立一章的篇幅，规定了有关环境侵权的内容。该章共有 4 条，其中第 65 条确认了环境侵权中的无过失原则，第 66 条规定了污染者负责行为与损害结果之间的因

---

① 比如《大气污染防治法》第 62 条：造成大气污染危害的单位，有责任排除危害，并对直接遭受损失的单位或者个人赔偿损失。

果关系的证明，第 67 条明确了在复数污染者情况下责任分担的规则，第 68 条规定了因第三人过失导致污染的情况下的连带责任。[①]

本节的目的在于描述中国环境侵权的轮廓以及问题状况，其中重点在于以下三个问题：因果关系的证明、违法性要件的要否以及侵害排除。

二　因果关系证明

（一）立法史

根据中国《民事诉讼法》第 64 条，当事人应对自己的主张提出证明。因此，对于侵权责任要件的因果关系，自然是作为原告的受害人应该证明的。但是，在环境侵权这个特殊领域，让受害人证明排出的污染是造成损害的原因是一项非常困难的任务。因此，从 20 世纪 90 年代以后，中国的立法试图克服这个问题，进行了一系列的尝试。

首先是在 1992 年司法解释第 74 条中规定"在诉讼中，当事人对自己提出的主张，有责任提供证据。但在下列侵权诉讼中，对原告提出的侵权事实，被告否认的，由被告负责举证：……（3）因环境污染引起的损害赔偿诉讼；……"虽然这条解释减轻了环境侵权诉讼中原告的证明负担而获得了正面评价，但是对于哪个责任说要件适用证明责任转换并没有做出明确的规定。于是，在 2001 年制定的《关于民事诉讼证据的若干规定》第 4 条第 3 款中如下规定：因环境污染引起的损害赔偿诉讼，由加害人就法律规定的免责事由及其行为与损害结果之间不存在因果关系承担举证责任。与该解释一致，《固体废物污染环境防治法》（2004 年）第 86 条、《水污染防治法》（2008 年）第 87 条也设置了因果关系证明责任倒置的条款。[②]

对此，2009 年《侵权责任法》第 66 条对环境侵权中的因果关系证明做出了以下规定：因污染环境发生纠纷，污染者应当就法律规定

---

① 参见朱宝玲「中国権利侵害責任法について」国際商事法務 38 巻 3 号（2010 年）296 頁。

② 内容上几乎与司法解释是一样的。比如说，《固体废物污染环境防治法》第 86 条：因固体废物污染环境引起的损害赔偿诉讼，由加害人就法律规定的免责事由及其行为与损害结果之间不存在因果关系承担举证责任。关于这点，参见片岡直樹「中国『水污染防治法』2008 年改正の意義と課題」角田猛之編『中国の人権と市場経済をめぐる諸問題』（関西大学出版部，2010 年）226 頁以下。

的不承担责任或者减轻责任的情形及其行为与损害之间不存在因果关系承担举证责任。本条与之前的司法解释相比，有几点不同。首先，在适用范围上，从"因环境污染引起的损害赔偿诉讼"到"因污染环境发生纠纷"，显然范围要更广些。其次，污染者证明的事项中增加了减轻责任与其行为不存在因果关系的情形。虽然存在上述差别，但是总体上《侵权责任法》还是继承了司法解释的观点，以期减轻受害人的证明负担。

就这样，在环境侵权的领域内，因果关系的证明责任倒置在立法上就成为难以撼动的事实了。

（二）问题点

从以上证明责任转换的立法动向上来看，立法者考虑到了当事人之间地位能力的差别，① 在长时间累积损害等事例中的证明困难②等因素，而且学说上已基本上对此采取欢迎态度。但是也有学说对此提出了批判，比如说在《民事诉讼法》上没有根据，以及在侵害排除诉讼中是否也适用举证责任倒置的规定不够明确等。③ 甚至有日本学者也认为，这种突兀的倒置规定与既有制度存在整合的问题，企业也存在调查因果关系困难的情形等。④

与立法不同，学说对于环境侵权中的因果关系的证明存在其他看法。比如有学者认为，在环境侵权诉讼中，作为原告的受害人承担"一般盖然性"程度（相当于五成以上的盖然性）的证明负担即可，而作为被告的加害人则需证明不存在"高度盖然性"。⑤ 如何理解以及评价这种证明责任分担的学说与《侵权责任法》第 66 条的规则的关系是一个不得不探讨的问题。因此，从这种问题意识出发，本书选取了几个 1992 年司法解释规定证明责任倒置之后的判例，看裁判实务是如何应对环境侵权诉讼中因果关系的证明的。

（三）法院实务的动向

首先来看几个案例：

---

① 参见刘雪荣等《论环境污染侵权中的证明责任》，《河北法学》2006 年第 10 期，第 120 页。
② 参见片冈直樹『中国環境汚染防治法の研究』（成文堂，1997 年）152—153 頁。
③ 参照罗丽《中日环境侵权民事责任比较研究》，吉林大学出版社 2004 年版，第 185—186 页。
④ 参照片冈直樹『中国環境汚染防治法の研究』（成文堂，1997 年）144—145 頁。
⑤ 参见吕忠梅《环境侵权诉讼证明基准初探》，《政法论坛》2003 年第 5 期，第 32 页。

【1】秦皇岛村民诉北京铁路局（1999 年）：住在铁路边上的秦皇岛的村民因为大秦线的噪声起诉北京铁路局，请求侵害排除以及损害赔偿。北京铁路法院最终因为原告不能证明铁路的震动与建筑物的损害之间的因果关系，驳回了原告的请求。

【2】赵某诉中国国际航空公司（2000 年）：原告以被告中国国际航空公司的修理厂发出的噪声对原告的养猪场里的猪产生了不良影响且造成经济损失为由，请求损害赔偿以及侵害排除。北京顺义区人民法院认定，原告不能提出噪声与因果关系之间的充分的证据，并以此为由驳回了原告的请求。① 在做出上述两个判例之时，中国已经制定了证明责任倒置的司法解释。但是，法院的判决仍是按照一般民事诉讼的规则适用民事诉讼法第 64 条而没有考虑司法解释的规则。这明显是一种法律适用的错误。

【3】浙江省平湖市养殖户诉五大化学公司（1996、1998、2000、2006 年）：这是因水质污染而遭受损失的养殖户对养殖场周围排出污染物质的五大化工企业提出损害赔偿以及侵害排除的案件。在此案一审中，法院认为"虽然可以认定五大化工企业排出的污染物质超过了环境排除基准且养殖场内的蛙类以及蝌蚪的死亡造成了原告的经济损害……但是不能证明蛙类以及蝌蚪是因为水质污染而死亡的"，从而驳回了诉讼请求。② 在二审中，法院虽然承认了证明责任倒置规则的存在，但是法院认为"这个规则是关于过失的证明责任的倒置……而因果关系则由原告证明"，进而驳回请求。③ 在再审中，法院认可了因果关系的证明责任的倒置，却以下理由再次驳回诉讼请求，即，"本案中养殖场所出示的证据证明了被告的污染环境行为以及因此引起的渔业损害这两个事实，而养殖场中养殖的蝌蚪死因并不明朗，也不能证明何种物质如何致使其死亡。因此，原告提出的证据并未达到适用因果关系倒置的前提条件"。④ 最后，最高法院认为"被告 5 个公司并不能提供充分的证据证明其污染行为与损害结

---

① 以上两个案件，参见罗丽《中日环境侵权民事责任比较研究》，吉林大学出版社 2004 年版，第 181—182 页。

② （1996）平民初字第 23 号。参见王燦発「中国において訴訟が環境権の保護および環境保全に果たす役割および今後の課題」新世代法政策学研究 6 号（2010 年）55—60 頁。

③ （1998）嘉民再终字第 2 号。

④ （2000）浙法告申民再抗字第 17 号。

果之间不存在因果关系，因而必须赔偿养殖场的损害"。① 在一审判决
（1996 年）中，与判例【1】与【2】一样，法院无视 1992 年司法解释第
74 条，判决由原告负担因果关系的证明。在二审判决（1998 年）中，虽
然提及该司法解释并倒置了证明责任，但是将倒置的对象限定在了过失要
件的证明上。对于这个判决，有质疑认为本来在环境侵权中适用无过失责
任（《民法通则》第 124 条），1992 年司法解释第 74 条没有必要规定
"过失"的证明责任的倒置。此外，在再审判决（2000 年）中虽然认可
了因果关系的证明责任的倒置，但是与最高人民法院判决（2006 年）不
同，设定了因果关系倒置的前提条件。

　　【4】福建宁德市居民诉化学公司（2005 年）：原告因被告的化工厂
排出的污染物质而遭受到农作物损害以及健康损害。② 法院认为，虽然原
告不能提出损害发生的初步科学证明，但是适用污染行为与损害之间因果
关系的倒置，认可了原告的侵害排除以及损害赔偿的请求。③ 本案中，与
【3】案件中最高人民法院的判决一样，让被告全面负担因果关系的证明。
与此相对，一部分学说认为，因果关系证明责任的倒置要求原告承担
"初步的证明"的责任。④ 按照这种观点的话，环境侵权中的因果关系则
遵循以下路径：原告初步的证明→证明责任的倒置→加害人的反证。问题
是何种程度可以称为初步的证明呢？学说上，所谓初步的证明主要指的是
证明度的减轻或者一种表见证明。⑤ 也就是说，对于环境侵权中因果关系
的证明，被告承担的证明责任必须达到"可以排除合理的怀疑"的标准，
而原告只要达到存在事实的可能的标准即可。⑥

---

　　① （2006）民二提字第 5 号。

　　② 参见樱井次郎「中国における環境汚染被害とその救済の現状」環境研究 150 号（2008
年）21 頁以下参照、同「環境公害訴訟の事例研究—福建省寧徳市屏南県のケース」北川秀樹
（編）『中国の環境問題と法．政策』（法律文化社，2008 年）84 頁以下。

　　③ 参见櫻井次郎「中国における環境汚染被害とその救済の現状」環境研究 150 号（2008
年）22 頁。

　　④ 参见关丽《环境侵权诉讼中如何分配双方的举证责任》，《中国审批》2007 年第 12 期，
第 65 页。

　　⑤ 参见胡中华《环境污染侵权责任成立的举证责任分配》，《法学杂志》2005 年第 5 期，
第 131 页；吕忠梅《环境侵权诉讼证明基准初探》，《政法论坛》2003 年第 5 期，第 32 页；马栩
生《环境侵权下的因果关系推定》，《河北法学》2007 年第 3 期，第 115—116 页。

　　⑥ 参见吕忠梅《环境侵权诉讼证明基准初探》，《政法论坛》2003 年第 5 期，第 32 页。

值得一提的是同样规定因果关系类似内容的德国环境责任法则规定：根据"作业过程、使用的设备、投入或者排出的物质的种类以及浓度、气象学上的条件、损害发生的时间场所、损害情况"等一切因素，如果产生了与此相当的损害，那么可以推定该损害是由该设施引起的。① 与德国因果关系的推定规定相比，中国的立法是否更加减轻了原告的举证责任呢？还是和日本的盖然性说一般，以相当程度的盖然性的证明度（至少50%以上）为基础缓和因果关系的证明责任呢？② 中国的"初步证明论"与上述德国法与日本法有何不同呢？中国环境侵权中的因果关系的证明责任倒置规则实际上从其内涵看并不明确。比如【3】案件中的最高法院判决以及【4】案件对被告全面科以证明负担的做法虽然有利于强力推进受害人的救济，但是考虑到存在被告可能本身无法证明因果关系的情形，确实也可能存在不妥之处。因此，比较现实的做法是对原告也科以一定程度的证明负担。那么原告应当承担何种程度的证明负担比较合适也便成为一个亟待解决的问题了。关于这个问题，【3】案件中的再审判决中要求原告证明因果关系达到了适用倒置规定的前提条件，或者如学说中那般达到了"初步的证明"的程度。对于如何将上述观点进行体系化和理论化则是今后的一大课题。

三　违法性要件之要否

中国民法学界历来对侵权责任是否需要违法性要件存在争论。首先，传统的通说是违法性必要说。该说认为，作为对行为进行客观评价的基准，违法性要件具有重大的意义。③ 通过违法性要件的设定具有限制责任

---

① 参见吉村良一『公害・環境私法の展開と今日の課題』（法律文化社，2002 年）81—82 頁。

② 参见（日）吉村良一《日本侵权行为法》，张挺译，中国人民大学出版社 2013 年版，第 74—76 页。

③ 参见中央政法干部学校民法教研室编著《中华人民共和国民法基本问题》，法律出版社 1958 年版，第 324 页。违法性必要说的代表有张新宝：《中国侵权行为法（第二版）》，中国社会科学出版社 1998 年版，第 83—91 页以及杨立新：《侵权责任》，法律出版社 2010 年版，第 68 页。当然目前的违法性概念已经和早期的简单定义不同了，变得更加翔实和深入。比如说，比较典型的违法性的定义之一有，"加害行为的违法性首先是指该行为在最广泛的意义上违反了法律（法规、司法解释、判例等）的规定或者公序良俗等的要求，它又具体表现为加害人对其应当履行的义务（多数为消极义务）之违反，和加害人对受害人受到法律保护的民事权益之侵害而导致受害人在财产、人身方面的不利益"［张新宝：《中国侵权行为法（第二版）》，中国社会科学出版社 1998 年版，第 91 页］。

成立范围,① 排除道德主义的责任论等效果。② 与此相对,违法性不要说认为,规定一般侵权行为责任的《民法通则》第 106 条第 2 款并没有带上"违法"或者"不法"等文字,③ 以及随着过失的客观化已经没有必要设置违法性要件了,因此主要侵权责任说的要件仅仅包括过失、损害和因果关系三者。④ 其次,在环境侵权的领域内,还有许多本身亟待厘清的问题,如违法性与违反公法上的环境基准的关系,环境侵权中是否需要设置违法性要件。⑤

（一）与条文的关系

首先来看违法性要件与法律条文的关系。争论始于《民法通则》第 124 条与《环境保护法》第 41 条的关系的争论。《民法通则》第 124 条规定:"违反国家保护环境防止污染的规定,污染环境造成他人损害的,应当依法承担民事责任。"与此相对,《环境保护法》第 41 条规定:"造成环境污染危害的,有责任排除危害,并对直接受到损害的单位或者个人赔偿损失",在这里并没有以违反环境保护、防止污染的法规为要件。国家环境保护总局于 1991 年公布的《关于确定环境污染损害赔偿责任问题的复函》中指出,承担污染赔偿责任的法定条件,就是排污单位造成环境污染危害,并使其他单位或者个人遭受损失。现有法律法规并未将有无过错以及污染物的排放是否超过标准,作为确定排污单位是否承担赔偿责任的条件。⑥ 此外,在 2009 年《侵权责任法》的草案（二次审议稿）第 68 条中提及,无论是否符合污染物的排放标准,给他人造成损害的,排污者

① 参见叶金强《侵权构成中违法性要件的定位》,《法律科学》2007 年第 1 期,第 101 页。

② 参见黄海峰《违法性、过错与侵权责任的成立》,《民商法论丛》第 17 卷,第 52—53 页。

③ 根据《民法通则》第 106 条第 2 款,"公民、法人由于过错侵害国家的、集体的财产,侵害他人财产、人身的,应当承担民事责任",在这里有过错、损害（侵害国家的、集体的财产,侵害他人财产、人身）、因果关系（由于）,但是没有有关违法性的任何文字。

④ 违法性不要说的代表有王利明:《侵权行为法归责原则研究》,中国政法大学出版社 1992 年版,孔祥俊、杨丽:《侵权责任要件研究》,《政法论坛》1993 年第 1、2 期。

⑤ 关于中国早期违法性要件的争论,参见片冈直树『中国環境汚染防治法の研究』（成文堂,1997 年）第 8 章。

⑥ 同时,国家或者地方规定的污染物排放标准,只是环保部门决定排污单位是否需要缴纳超标排污费和进行环境管理的依据,而不是确定排污单位是否承担赔偿责任的根据。

应当承担相应的赔偿责任。① 从这些动向来看，违法环境基准并不必然成为环境民事责任的要件。这种动向与侵权法中的违法性不要说是比较接近的。与《环境保护法》第 41 条一样，2009 年《侵权责任法》第 65 条在文字上并没有出现违法性。但是，与上述草案第 68 条，并没有明确规定环境基准的违反与责任要件之间的关系。

（二）学说争论

那么学说上又是如何考虑环境侵权中的违法性要件的呢？对此，与一般侵权行为一样，也存在违法性必要说和违法性不要说之间的对立。在一般侵权行为理论中坚持违法性必要说的学者当然认为在环境侵权中也包括违法性要件。只是这里需要明确一点的是，设定违法性要件与是否必须认定违反环境基准之间并不存在必然联系。关于两者之间存在下述三种观点：第一，将违反环境基准视作违法性要件的学说；第二，判断违法性要件除了法规的违反，还需要考虑是否违反法律的基本原则等因素的观点；② 第三，损害本身即被认定行为违法性的学说。③ 绝大多数违法性必要说的学者认为，即便符合环境基准也不能完全排除该行为的违法性，④ 这也是上述第二种和第三种观点的出发点。违法性必要说还认为，违法性要件本身具有独特的功能。如果环境侵权中不采用违法性要件的话，责任成立的范围变得过于宽泛，会对企业科以过重的责任。因此，作为受害人保护与企业行动自由的调节器，有必要设定违法性要件。⑤ 按照这种观点，便会出现即便违反了环境基准在民法上也不是违法的情况。

与此相对，违法性不要说认为在环境侵权的场合下，只要存在损害事实的发生以及因果关系，即便是符合环境基准，也可认定侵权责任的成立。⑥ 此

---

①　《侵权行为法草案（二次审议稿）》，参见早稻田大学现代中国法研究所网站，http：//wgenchuken. law. officelive. com/。

②　参见张新宝《中国侵权行为法（第二版）》，中国社会科学出版社 1998 年版，第 532 页。

③　可以说第三种观点与违法性不要说已经相当接近了。

④　即，环境基准只是征收污染成本的基准，与行为的违法性是两个问题。

⑤　参见陈聪富《环境污染责任之违法性判断》，《中国法学》2006 年第 5 期，第 95—96 页。

⑥　参见金瑞林编《环境法学（第二版）》，北京大学出版社 2007 年版，第 137 页（金瑞林执笔）；蔡守秋编《环境资源法教程》，高等教育出版社 2004 年版，第 401 页以下（钱水苗执笔）等。

说的理由在于，《环境保护法》是《民法通则》的特别法（特别法优于一般法），后法也优于前法，且此说更有利于受害人的救济。此外，考虑到环境损害往往是复杂原因下长期积累的结果，责任认定中加上违法性要件的话，便会不当限制责任成立的范围，不利于受害人的救济。因此，至少在环境侵权的领域，应该以损害事实的发生为中心认定责任。①

最后，值得注意的是在环境侵权的领域中，"违法性"的功能在中国与日本是有所不同的。在日本，违法性的功能是"从权利侵害到违法性"的转换过程中为了克服权利侵害要件的狭隘性而确立的。② 也就是说，为了扩张侵权行为的范围而使用违法性概念。而在中国，从来就不存在权利的范围过分狭小的问题，因此违法性概念也就没有扩大保护权利范围的作用了。相反，在环境侵权的场合下，有学者认为，为了防止赔偿范围过于宽大而有必要使用违法性概念。③

四　侵害排除

环境利益是一种一旦受到侵害便难以恢复的法益，仅仅依靠事后的损害赔偿的救济是远远不够的。因此，有必要确立侵害排除制度。无论是在中国还是在日本，围绕环境污染的侵害排除，围绕其根据论以及要件论为中心，展开了诸多学术论证。本书将于下文中介绍，这里简单整理一下。

正如序章中所言，与日本法不同，中国法自《民法通则》制定以来，便有关于侵害排除的明文规定。2009 年《侵权责任法》第 15 条第 1 款继承了《民法通则》的精神，在侵权责任的承担方式里，列举了停止侵害、排除妨碍、消除危险这三种侵害排除的方式。虽然这些责任方式的内涵以及外延还不够明确，④ 但是至少可以说这些都是本书所言的侵害排除的

---

① 参见竺效《论环境污染赔偿责任的特殊要件——兼评〈侵权责任法〉（草案）二审稿第 68 条》，《政治与法律》2009 年第 12 期，第 12—13 页。

② 关于日本如何从权利侵害过渡到违法性的过程，可参见（日）吉村良一《日本侵权行为法》，张挺译，中国人民大学出版社 2013 年版，第 20—24 页。

③ 参见陈聪富《环境污染责任之违法性判断》，《中国法学》2006 年第 5 期，第 95—96 页。

④ 参见张新宝《中国侵权行为法（第二版）》，中国社会科学出版社 1998 年版，第 184—186 页、李丽玲《排除危害环境污染民事责任构成要件研究》，《湖南师范大学学报》2007 年第 2 期，第 69 页等。

内容。

（一）侵害排除的理论定位

那么，上述三种以及返还财产侵权责任承担方式在理论上该如何定位呢？这个问题与过去侵权请求权与物权请求权的关系的争论总是纠缠在一起的。对于两者的关系，理论上存在以下几种学说。首先，不应严格区分侵权请求权和绝对权请求权，用侵权请求权吸收绝对权请求权（吸收说）。① 此说主张，侵害排除与返还原物都是侵权行为的责任方式。② 与此相对，有学说认为应该严格区分绝对权请求权与侵权责任的承担方式（区分说）。该说认为，绝对权请求权对不以过失为要件、无须适用诉讼时效等具有其意义。因而如果将作为物权请求权内容的侵害排除以及返还原物等视作侵权行为的责任方式的话，可能在解释论上产生诸多混乱。③ 此外，处于两者之间还存在折中说。该说在区分绝对权请求权和侵权责任的承担方式的基础上，将侵害排除与返还原物视作恢复原状，且将此视作侵权行为的承担责任方式。④

（二）与《环境保护法》第 41 条的关系

除了《民法通则》第 134 条、《侵权责任法》第 15 条，《环境保护法》第 41 条也有关于侵害排除的规定。《环境保护法》的排除危害与民事法中的"停止侵害、排除妨碍、消除危险"存在怎样的关系呢？对于这个问题，中国的法学界并没有一致理解。但是无论如何，两者的关系的根本在于如何理解"停止侵害、排除妨碍、消除危险"的内涵和外延，本书将在第四章中详细探讨这个问题。

---

① 参见魏振瀛《〈民法通则〉规定的民事责任——从物权法到民法典的制定》，《现代法学》2006 年第 3 期，第 54 页。

② 但是，一部分学者认为侵害排除在过失要件以及诉讼时效制度等方面可以与其他责任承担方式有所不同（魏振瀛：《制定〈侵权责任法〉的学理分析——侵权行为之债立法模式的借鉴与变革》，《法学家》2009 年第 1 期，第 41—47 页）。

③ 参见崔建远《绝对权请求权抑或侵权责任方式》，《法学杂志》2002 年第 11 期，第 40—42 页。日本法律界人士也指出"中国将停止侵害、排除妨碍、消除危险等预防性手段与损害赔偿并列放入到'承担责任方式'中去的做法，难以在传统的以损害的发生为要件的侵权行为要件论框架内得到恰当的解释"〔住田尚之「中国における新しい不法行為法の制定」ジュリスト1406 号（2010 年）51 頁〕。

④ 参见周友军《我国侵权责任形式的反思》，《法学杂志》2009 年第 3 期，第 19—22 页。

（三）侵害排除的要件

按照过去的理解，《民法通则》和《侵权责任法》规定的三种责任承担方式中，"停止侵害"主要用于人格权以及知识产权的保护，而"排除妨碍、消除危险"则与物权的保护相关。[①] 那么，上述权利与责任承担方式的关系在环境侵权的场合下是否也同样可以这样理解呢？如果维持相同的理解的话，那么人格权侵害之时只能适用"停止侵害"，而在所有权侵害之时则适用"排除妨碍、消除危险"。还有一种观点，不是按照这种生硬的理解，而是将三种方式都作为侵害排除的方式，平等对待三者，且这三种方式适用于任何民事权益。[②] 那么，人格权以及所有权以外的法益受到侵害之时，侵害排除的要件又包括哪些呢？对于这个问题，虽然《民法通则》与《侵权责任法》都规定了侵害排除，但是却没有明确规定具体要件。这就为侵害排除的适用带来了困难。[③] 日本法中，对于生命、身体、自由等权利的侵害往往是侵害本身便认可侵害排除请求，而侵害其他权利或者利益则要求这种侵害超过忍受的限度（违法性）方才认可侵害排除。[④] 这种做法在中国法中是否妥当是本书期望给出的答复。

第三节　小结

本章主要是以 2009 年《侵权责任法》制定过程中的议论为中心，素描了中国环境民事责任的概况。最后，再次简单整理一下今后的探讨课题。

首先，关于因果关系的证明，2009 年《侵权责任法》第 66 条再次确

---

① 参见张谷《作为救济法的侵权法，也是自由保障法——对〈中华人民共和国《侵权责任法》（草案）〉的几点意见》，《暨南学报》2009 年第 2 期，第 20 页以下。

② 同上书，第 20 页。

③ 参见罗丽《环境侵权侵害排除责任研究》，《河北法学》2007 年第 6 期，第 116—118 页。

④ 大塚直「差止と損害賠償」加藤雅信编『民法改正と世界の民法典』（信山社，2009年）137 頁就是根据这种观点提出的立法提案［条文参见大塚『法律時報増刊：民法改正国民法曹学界有志案』（日本評論社，2009 年）232 頁］，详见第二章分析。该立法草案比较详细，操作性也较高。然而这种"二层构造"还需要研究权利和利益的划分和界限、各自法理根据在哪里等问题。与此相对，中国的规定比较抽象，但是与日本的草案相比在解释的弹性、对新法益的保护上，也有自己的优势。

认了因果关系的证明责任倒置的规则。但是，应该如何理解这种倒置规则亟待进一步讨论。正如上文指出的那样，多数学说认为该条规则并不是让被告全面负担因果关系的证明责任，而是让原告方承担一定程度的负担——初步的证明。对于这种证明责任分配方式如何进行理论化、精细化，还有待结合德日等外国法的动向进行深入讨论。

其次，关于违法性要件之要否，首先需要厘清其与环境标准的关系的问题。违反环境标准如何在民法上进行评价，这个问题与公法和私法的关系也有联系，[①] 需要进行审慎探讨。此外，违法性要件的功能也是一个需要研究的具体问题。在环境侵权中是否应该设置违法性要件的问题，可以从以下两方面进行思考。一个方向是，即使没有违反环境标准是否也可能存在违法性从而成立侵权责任的情形；还有一个方向是即使违反了环境基准，是否也存在不具有违法性的可能性的情形。通过这正反两方面讨论违法性在环境责任要件论中该如何定位的问题，有关讨论有待深化。

最后，关于侵害排除，中国在立法论上已经走在日本的前面。[②] 但是正如上文所指，《侵权责任法》第15条中的侵害排除也仅仅停留在侵权责任的承担方式，并没有展开具体的要件论。因此，关于这点有必要结合具有理论和实践积累的日本法的动向，进行深入研究。这也是本书的目的之一。对于这个课题本书第二章和第三章将给出解答。

---

① 参见吉村良一『環境法の現代的課題——公私協働の視点から』（有斐閣，2011年）41頁以下。

② 日本最近关于侵害排除的立法动向，参见大塚直「差止と損害賠償」加藤雅信編『民法改正と世界の民法典』（信山社，2009年）129頁以下。

第 二 章
日本环境民事责任中的侵害排除论

以本书第一章最后提出的关于侵害排除的问题为出发点，本章主要是研究日本有关环境侵害排除论的学说以及判例的到达点，并由此试图得出日本法对中国法的可鉴之处的结论。具体来说，首先在第一节，以学说史为维度，整理迄今日本学说中关于侵害排除的相关论述。其次在第二节，以侵害排除最有影响的两位学者（泽井裕和大塚直）的学说为中心，分析目前最有力的学说——二元说的内容、影响。第三节主要介绍其他关于侵害排除的最新及重要学说。第四节则以环境侵害排除的要件论再次审视侵害排除根据的相关学说。最后，第五节则总结日本环境侵害排除论的相关结论。

第一节　日本侵害排除根据论之概况

对日本的侵害排除的理论根据进行一个大致分类的话，可以分为权利说、侵权行为说以及二元说。所谓权利说指的是以绝对权或者排他性支配权为根据请求侵害排除的学说，而侵权行为说则主张将侵害排除视作侵权行为的效果（相当于责任承担方式）。这两种学说之间因差异极大，历来存在对立。除此之外，二元说也正在抬头，该说主张侵害排除的根据是由二元化的根据组成的，即分为权利侵害的情形以及侵权行为或者准侵权行为的情形，两者是并列存在的，共同成为侵害排除的依据。①

在日本关于环境侵害排除论，特别是其法理根据论，已经存在许多整

---

① 日本侵害排除论的简单介绍，参见吉村良一「不法行為の差止訴訟」大村敦志、内田貴编『民法の争点』（有斐閣，2007 年）296—297 頁；吉村良一：《日本侵权行为法》，张挺译，中国人民大学出版社 2013 年版，第 85—90 页。

理以及研究业绩。① 但是，最近随着公害环境问题的多样化，涌现出了以国立市景观诉讼为代表的一些新判例，由此理论研究也再次活跃起来，关于侵害排除的依据的各种新学说也相继登场。② 在这种新情势下，到底向何处寻求环境侵害排除的根据，对立的学说对于司法实践带来何种差别，以及日本的侵害排除论的现状到底为何，今后又向何方发展。带着这些问题，笔者试图在本章给出答案。一方面，诚然，正如后文将述，如今日本环境侵害排除论的最大课题在于，在搞清楚根据论的基础上，指明侵害排除的具体判断基准。但是另一方面，根据论往往是与要件论紧密联系在一起的。因此，在第一节中主要是以学说史的角度再次确认日本侵害排除论的理论现状。

一　一元说及其不足

在日本的学说中，关于侵害排除向来存在一元性法理根据和二元性法理根据的分歧。首先来看一元性说。

权利说及其不足

所谓权利说指的是从某种权利尤其是排他性绝对权中寻求侵害排除的根据，用权利的反射力来解释侵害排除请求权的观点。权利说的理论背景是所谓的"权利论"。为了分析侵害排除根据，有必要对日本权利论进行一个简单的梳理。由于权利论是复杂的体系，而且发展过程源远流长，这里以日本权利论研究第一人原岛重义教授的研究为中心，简单总结其内容。原岛教授认为，日本一直就没有确立权利论，也没有给违法性论以相应的地位。即，日本的违法性论在发展的过程中，尤其是侵权行为法中

---

① 比如沢井裕『公害差止の法理』（日本評論社，1976 年）1 頁以下、大塚直「生活妨害の差止に関する基礎的考察——物権的妨害排除請求権と不法行為に基づく請求権との交錯」（1—8）法学協会雑誌 103 巻 4 号、6 号、8 号、11 号，104 巻 2 号、9 号，107 巻 3 号、4 号（1986—1990 年）、神部秀彦「公害差止の法的構成の史的変遷に関する一考察——損害賠償との関連において」（1—3）東京都立大学法学会雑誌 29 巻 2 号，30 巻 1 号、2 号，31 巻 2 号（1988—1990 年）、中山充「公害の賠償と差止に関する法的構造の変遷」甲斐道太郎他編『磯村哲先生還暦記念論文集：市民法学の形成と展開（下）』（有斐閣，1980 年）219 頁以下等。

② 比如根本尚徳『差止請求権の法理』（有斐閣，2011 年）是最近值得关注的研究成果。此外，还有大塚直「人格権に基づく差止請求——他の構成による差止請求との関係を中心として」民商法雑誌 116 巻 4—5 号（1997 年）501 頁以下；同「環境訴訟と差止の法理」能見善久他編『平井宜雄先生古稀記念：民法学における法と政策』（有斐閣，2007 年）701 頁以下；同「差止根拠論の新展開について」前田重行他編『前田庸先生喜寿記念：企業法の変遷』（有斐閣，2009 年）45 頁以下等。

"从权利侵害要件转向违法性要件"的过程中，没有坚持权利论的意义。换言之，即使存在权利侵害，也可能因为相关关系理论，① 认定行为不存在违法性。② 因此，原岛教授提出，在权利侵害的场合下，必须舍弃忍受限度论，③ 只要不存在违法性阻却事由就可以直接认定为违法，从而认可侵害排除请求的理由。④ 对于环境侵害排除，原岛教授批判了违法性阶段说，⑤ 认为只要存在健康侵害，便可以行使侵害排除请求权。⑥ 具体来说，原岛说认为，企业开发行为的公共性本来就不是抑制侵害排除的理由，侵害排除具有比损害赔偿请求更为重要的意义。在环境公害的情况下，只要

---

① 日本侵权行为法中的相关关系理论是在违法性判断的过程中提出并发展出来的。首先提出这一理论的是日本著名民法学者我妻荣。其主要观点如下：①如果说侵权行为制度是为了最小限度地限制个人活动的自由而划定范围的制度的话，那么采取"权利侵害"要件是合理的，但是现代侵权行为的基础在于必须寻求公平恰当地分配损失。②因此，侵权行为的要件不是权利侵害，而是加害行为的违法性。③违法性的有无应该按照被侵害利益的种类与侵害行为的样态相互关联地进行判断。也就是说，④所有的社会利益，包括从已经被认为是确实的权利到将被认定的新权利。根据权利的种类，其应该受保护和尊重的程度是不同的。对较强的权利的侵害比起对较弱权利的侵害带有更强的违法性，而且⑤侵害行为的样态也包括各种各样的形态，有作为权利的行使而被认可的样态，有作为自由活动的范围而被放任的样态，还有作为法规的违反而被禁止的情形等。因此，⑥违法性应该按照被侵害利益的违法性的强弱与侵害行为的样态的强弱相互关联地进行判断。以上的我妻荣说也称为违法性中的相关关系说。根据这种相关关系说，具体的违法性判断是按照以下方法进行的。①被侵害的利益越强有力，即便侵害行为样态中的可受非难性非常小，其也是违法的。比方说，在许多场合下，如果侵害了财产权中最强权利的所有权的话，仅此（不考虑侵害行为的样态）原则上就被认为是违法的。还有，对人格利益中对生命和身体的侵害原则上也是违法的。②但是在被侵害的利益不太强的场合下，只有侵害行为的样态中的违法性达到较强的程度才能被认定为违法。比如说在侵害营业利益的场合，只有其方法不当的时候才是违法的。③侵害行为样态有违反刑罚法规、违反强制性法规、违反公序良俗以及权利滥用等，特别是被侵害的利益不是那么强有力的时候，行为的样态方面就具有非常重要的意义［以上参见我妻荣『事務管理・不当利得・不法行為』（日本評論社，1937年）125頁，以及（日）吉村良一著：《日本侵权行为法》，张挺译，中国人民大学出版社2013年版，第34页］。相关关系理论提出之后，虽然也受到了部分批判，就一直是日本侵权行为法中判断违法性的通说，从未动摇。

② 参见原島重義「わが国における権利論の推移」法の科学4号（1976年）93頁。

③ 所谓忍受限度论指的是市民具有忍受一定环境侵害的义务，只有超过忍受的限度，侵害行为才具有违法性。

④ 如果加害人存在故意或者过失的话，便可以成为损害赔偿的理由。但是如果存在法律特别规范，才可以例外限制侵害排除请求。此时，作为限制的代价，不问加害人的故意或者过失，都可以请求金钱赔偿。

⑤ 所谓的违法性阶段说认为比起"损害赔偿"，"侵害排除"要求更高的违法性才可以得到支持。

⑥ 原島重義「わが国における権利論の推移」法の科学4号（1976年）98頁。

存在违法原则上就应该支持侵害排除请求。只有在例外的情况下，即法律规范明确限制了侵害排除的运用的情况下，才可以排除侵害排除的适用。[①]

以上述"权利论"为根基，根据权利的种类，权利说还存在以下几种理论分支。

1. 物权说

在公害环境污染的场合，污染物质侵害到受害人的领域，侵害受害人所有或者支配的土地、建筑物等所有权或者占有权等物权性权利。作为物权性权利的反射力，物权说可以请求排除或者预防这种侵害。这种学说的优点在于，首先在于其具有实体法民法上的根据，[②] 其次物权说无须要求过失要件，最后物权的内容以及外延是比较明确的。

但是作为一种一元说，物权说也存在其问题。这是因为仅仅依靠物权难以涵盖环境侵害排除的全部情形。具体来说，有以下几个理由。首先，环境侵害虽然是对一种"物"的损害，但是最本质的是对"人"的生命、健康的侵害（即所谓的人格权），因此人格权说更符合受害的本质。[③] 其次，启动该物权说，往往要求请求者具有对物支配或者占有物权性的权利，不可否认的是这就难以充分保护物权的权利者以外的人，从而缺乏保护的实效性。[④] 最后，因为公害等被"破坏"的不仅仅是物，还包括景观利益、不安感等主观情感以及自然环境等不属于某人的生态利益。由此可见，因环境污染行为而受到侵害的对象是多种多样的，而且侵害行为也从比较轻微的邻里纠纷到全球规模的环境问题等，这些仅仅依靠物权作为侵害排除的依据显然是缺乏其弹性的。

2. 环境权说

环境权是 1970 年大阪律师协会环境权研究会所提倡的概念。[⑤] 一般认为，环境权指的是"人们享受并支配良好的环境，维持并追求健康舒

---

① 原島重義「開発と差止請求」九州大学法政研究 46 卷 2—4 号（1980 年）290 頁。

② 日本民法上虽然没有直接物权请求权的条文，但是一般认为民法第 202 条第 1 款规定的占有诉权是以物权请求权的存在为前提的。

③ 参见沢井裕『公害差止の法理』（日本評論社，1976 年）5 頁。

④ 参见（日）吉村良一《日本侵权行为法》，张挺译，中国人民大学出版社 2013 年版，第 85 页。

⑤ 环境权历史，参见吕忠梅《环境法新视野（修订版）》，中国政法大学出版社 2007 年版，第 104 页。

适的生活的权利"。① 环境权说指的是以这种环境权为根据请求侵害排除的观点。环境权支配对象的"环境"不仅包括大气、水、日照、景观等自然环境，还包括文化遗产、社会设施等文化性环境。② 根据环境利益的种类与性质的不同，环境权保护的范围也是不同的。此外，自然以及社会环境对人们的舒适且文明社会生活是必不可少。因此，这些环境的有关利益必须公平分配，所有环境中的人都应该平等共有。③

应该说环境权理论的提出和发展对于环境保护的立法、行政产生了巨大的影响，但是迄今为止在日本法院判例中即便是基层法院也没有正面认可依据环境权请求侵害排除的案例。之所以法院不采用环境权说，理由可以简单概括为如下三点。第一，环境权理论认为环境权也是一种私权，但是这在实体法上并没有相关的根据，④ 而且环境权本身的内容以及外延模糊不清。⑤ 第二，此说还有请求权人的范围过于宽泛的问题，因为环境不属于某个特定的人或者群体，也就意味着任何人都可以以环境权为根据请求侵害排除了。⑥ 第三，还有学者批判，因为环境权说往往排除利益衡量（或者忍受限度）的适用，侵害排除的判断要件就显得比较生硬而缺乏灵活性。⑦

---

① 参见大阪弁護士会環境権研究会『環境権』（日本評論社，1974 年）85 頁。

② 大阪弁護士会環境権研究会『環境権』（日本評論社，1974 年）85—87 頁。

③ 即所谓"环境共有的法理"，参见大阪弁護士会環境権研究会『環境権』（日本評論社，1974 年）77—78 頁。

④ 环境权的提倡者认为其根据在于日本国宪法第 25 条（①全体国民都享有健康和文化的最低限度的生活的权利。②国家必须在生活的一切方面为提高和增进社会福利、社会保障以及公共卫生而努力）以及第 13 条（全体国民都作为个人而受到尊重。对于谋求生存、自由以及幸福的国民权利，只要不违反公共福利，在立法及其他国政上都必须受到最大的尊重）。［参见大阪弁護士会環境権研究会『環境権』（日本評論社，1974 年）23 頁（川村俊雄執筆）］。但是，环境权并不存在民法上的根据，对于其是否可以在民事诉讼中作为侵害排除的根据是存有疑问的。

⑤ 此外有观点认为，认可"私人"的环境权的做法有违环境是不属于任何人的客体的这一特质［根本尚徳『差止請求権の法理』（有斐閣，2011 年）44—45 頁］。

⑥ 参见大塚直「環境訴訟と差止の法理」能見善久他編『平井宜雄先生古稀記念：民法学における法と政策』（有斐閣，2007 年）研究会『環境権』（日本評論社，1974 年）707 頁。

⑦ 也有学者修正、发展了环境权，比较有影响的是环境共同利用说「（中山充『環境共同利用権——環境権の一形態』（成文堂，2006 年）］。对于环境权的修正以及发展的概况，参见大塚直「環境訴訟と差止の法理」能見善久他編『平井宜雄先生古稀記念：民法学における法と政策』（有斐閣，2007 年）研究会『環境権』（日本評論社，1974 年）706—714 頁、同大塚直「差止根拠論の新展開について」前田重行他編『前田庸先生喜寿記念：企業法の変遷』（有斐閣，2009 年）48 頁以下。

3. 人格权说

侵害排除的人格权说指的是根据生命、身体、舒适生活等人格权请求侵害排除的学说。与物权一样，人格权也被认为是一种典型的排他性权利。日本的学说中向来也存在如下学说，即基于人格权的侵害排除请求权可以被理解为一种类似于物权请求权的请求权，因此人格权请求权也可以成为侵害排除的根据。① 最近，山本敬三教授也认为"既然认可了基于物权的排除妨害以及预防妨害的请求权，那么以排他性为媒介，这种权能也可以类推到人格权的情形"，基本上也肯定基于人格权而产生侵害排除请求权。②

该说的优点主要有以下几点。首先，将人格权侵害视作环境侵害的主要部分符合环境问题的实质。正如上文所指，环境污染侵害的主要不是"物"而是生命、身体等人格权。因此，从正面以人格权侵害为理由作为侵害排除的根据的观点更加符合问题的实质。其次，人格权说获得了以大阪公害诉讼上诉审（大阪高判昭 50.11.27 判时 797.36）判决为代表的判例的支持。③ 但是另外，仅仅依靠人格权说也难以涵盖环境侵害排除的所有情形。此外，"环境"的问题也有与"人"的问题不同的地方（比如自然环境、景观利益），通过"人"的问题的解决（人格权）从而解决所有的"环境问题"本来就是勉强的。④

4. 权利说的问题点

通过以上权利说（物权请求权、环境权、人格权）的研究，可以发

---

① 参见我妻荣『事務管理・不当利得・不法行為』（日本評論社，1937 年）198 頁、加藤一郎「序論—公害法の現状と展望」加藤一郎編『公害法の生成と展望——公害法の研究』（岩波書店，1968 年）20 頁、好美清光「日照権の法的構造（中）」ジュリスト493 号（1971 年）113 頁等。

② 山本敬三「人格権——北方ジャーナル事件」中田裕康、潮見佳男、道垣内弘人編『民法判例百選Ⅰ（第六版）』11 頁。

③ 在本案上诉审判决中（大阪高判 1975.11.27 判时 797.36）大阪高等法院指出：个人的生命身体的安全、精神的自由是人得以存在的最为基本的权利，也是法律上绝对应当受到保护的权利。此外，作为一个人生存的基本，过上平稳、自由的符合人的尊严的生活应当得到最大的尊重。这种关于个人的生命、身体、精神以及生活上的利益是各人的人格本质，其整体可以称为人格权。任何人不得侵害人格权，而且人格权还包括排除这种侵害的权能……根据这种人格权的排除妨害以及预防妨害请求权可以成为私法上侵害排除请求的根据。

④ 参见大塚直「生活妨害の差止に関する基礎的考察——物権的妨害排除請求権と不法行為に基づく請求権との交錯」（8）法学協会雑誌107 巻 4 号（1990 年）523 頁。

现权利根据具有相通的理论构造。即，无论何种权利说都是以"排他性支配"为权利的特质，侵害权利之时自然就产生了侵害排除请求权。具体来说，法理确定了私人具有一定排他性的"支配"领域，如果他人侵入这种私人领域内的话，理论上就可以排除这种"干涉"。总而言之，侵害排除请求权的权利根据认为，"权利"本身，特别是排他性支配权才是侵害排除的根据。即，如果权利概念就包括"排他性支配权"的话，那么权利之外对权利的侵害就自然产生了一种反射力，这种反射力就是侵害排除请求权。这种权利＝排他性支配权的观点，就是古典的权利论。①

正是基于这种古典的权利论，权利说可能出现以下几个问题。

第一，权利范围的明确性与保护范围的广度之间存在矛盾。诚然在权利说中，作为侵害排除的根据的权利是一种排他性权利，权力范围在某种程度上是比较明确的（环境权除外），不以过失为要件可以快速救济受害人。不可否认，这些优点与传统的权利概念是相容的。但是，如果只将环境法益严格区分为权利和非权利，只对前者加以严格保护，这样厚此薄彼的做法是否妥当是存在疑问的。实际上，环境污染侵害的法益属于后者或者止于后者的情况不在少数。当然，权利说为了应对这种局限，试图扩大权利的外延。但是扩大权利外延的同时，反过来失去了权利范围的明确性。另外，对权利说最大的批判恐怕就集中在其排除了利益衡量的可能性。这是因为如果严格按照权利说的观点，一般是不允许根据具体情况决定侵害排除之可否的。② 因此，可以认为只要存在侵害权利的客观形式就可以直接认定存在违法，从而认可侵害排除请求。这点在环境权说中尤为明显。环境权说认为只要存在对环境权的侵害，就可以认为存在"终局性"的违法性，便可以直接发动侵害排除请求权。③

---

① 古典的权利论也可以称为传统的权利论。这里的权利指的是"各自市民所分配的自由领域"，这种对于私人权利的分配也就意味着保障该私人一定的"排他性支配领域"。因此，从权利内容的观点来看，私人对其分配到的领域乃至利益的"排他性支配"才是权利的本质内容［参见根本尚德『差止請求権の法理』（有斐閣，2011 年）29 頁］。

② 如竹内保雄「差止命令」加藤一郎編『公害法の生成と展望——公害法の研究』（岩波書店，1968 年）438—439 頁、中井美雄「名古屋新幹線訴訟判決と民事差止論」法律時報 52 巻 11 号（1980 年）15—16 頁等。当然，例外情况下权利说也认为存在适用权利滥用条款（日本民法第 1 条第 3 款）等的可能性。

③ 参见大阪弁護士会環境権研究会『環境権』（日本評論社，1974 年）78—79 頁。

　　当然，学说中也有既坚持权利说，又认为利益衡量论在理论上是可能的见解。比如，好美清光教授是物权说的支持者，但是教授认为物权请求权可以通过以下两种类型进行利益衡量。① 第一种是"侵害对物的支配或者利用本身"，这种类型只要不存在特别事由就直接产生侵害排除请求权。第二种类型是对"人的舒适生活的妨害"，在判断物权请求权是否成立之时就必须综合考虑各种事由（客观违法性或者忍受限度理论）。②

　　第二，与环境有关的法益本来就是涵盖各种不同的利益的，仅仅依靠一种权利本来就难以涵盖所有的环境法益。也就是说，环境法益从自然环境利益，到景观利益、生活的平稳，从生命利益到身体、健康权利乃至一般的不快感等，幅度相当宽泛。与此相对，传统的权利概念本来就具有一定的明确性，也就只能适用于特定的领域。也就是说，如果采取权利说的话，那么理论上必然将侵害排除请求权的保护对象仅限于"权利"（排他性支配权）。但是，也不是所有的环境法益都是一种"权利"，此时难道这些权益就不应当受到侵害排除请求权的保护吗？

　　比如，人格权一般认为是有关于人的生命、身体、自由、名誉、姓名、肖像、信用、隐私、平稳生活等各种利益。但是其中完全可以由私人决定而他人绝对不能干涉的也就是生命、身体、精神自由等一部分而已，而其中的名誉、隐私、平稳生活或者日照利益等则可能与他人相抵触而需要相互调整。再比如日本讨论比较成熟的"日照权"，学者认为难以将其理解为一种"权利"。这是因为享受日照并不必然是物权的内容，日照权的受害人只是享受到了之前没有高层建筑的日照，并不能说享受日照是一

---

　　① 参见好美清光「日照権の法的構造（中）」ジュリスト493号（1971年）113頁以下。

　　② 对于好美清光教授的观点，藤冈康宏教授提出了异议。即，藤冈教授认为第一种类型和第二种类型是难以并存的，因为在权利受到侵害之时如果认可利益衡量的话就会破坏"权利"侵害所具有的违法性表征功能。具体来说，正是由于"权利"是一种"排他性支配权"，在理论上才能发挥其违法性表征功能。如果侵害了权利，就不问原因直接判定为违法。或者说，如果认可物权请求权的利益衡量可能性的话，那么就会破坏权利论的理论构造。同时，藤冈教授认为"如果对于物权请求权存在利益衡量的可能性的话，那么侵害排除请求权则未必是物权固有的机能"［藤冈康宏「環境法の基本構造」判例時報871号125頁，后收录于『損害賠償法の構造』（成文堂，2002年）414頁以下］。相同意见的还有，根本尚德『差止請求権の法理』（有斐閣，2011年）33頁、36頁以下。

种排他性的权利。① 因此，如果不考虑加害人的主观样态、土地利用先后顺序等诸多因素，难以判断其是否应当受到保护。此外，日照妨害具体来说是因为建筑物导致的压迫感、湿度增加导致的单纯不快感或者轻微的精神损害，非常难以确定其外延，其不具有传统的权利所具有的"区别于他人权利的固有领域"的特征。②

旗帜鲜明地坚持权利论的原岛重义教授也指出，作为侵害排除与损害赔偿要件表征的权利是由法律秩序所承认和分配的一定支配领域，并不是所有的归属于特定的法律主体的都是权利。人格虽然是不可侵犯的，但是其并没有像所有权那般标志鲜明的支配领域。因此，身体、自由、名誉等权利受到侵害之时，并不意味着其当然的违法性。而且与所有权概念相比，健康概念也是难以划定界限的一个概念。③

由上可见，无论是人格权还是物权，单独某种权利涵盖如此宽泛的环境法益本来就是勉强的。但是在这里必须指出的是权利说的观点并非毫无意义。正如后文分析，权利说的观点，即权利受到侵害之时便可以不问侵害人的主观等情况（无须利益衡量）而直接认可侵害排除请求，这点具有极其重大的意义。这是古典权利论的意义，也是本书支持的。

二　（广义）侵权行为说及其不足

环境侵害排除的侵权行为说指的是，不以被侵害的权利的效力，而是以侵权行为的效果为根据请求侵害排除的学说。侵权行为说的基本观点如下。首先，侵权行为说认为，对于排除侵害状态，比起事后性的损害赔偿，侵害排除制度更能保护受害人，而且日本民法规定损害赔偿金钱赔偿原则的第 722 条也没有积极禁止侵害排除。④ 其次，比起过于死板的权利

---

① 参见大塚直「人格権に基づく差止請求—他の構成による差止請求との関係を中心として」民商法雑誌 116 巻 4—5 号（1997 年）501 頁以下。

② 大塚直「生活妨害の差止に関する基礎的考察——物権的妨害排除請求権と不法行為に基づく請求権との交錯」(7) 法学協会雑誌 107 巻 3 号（1990 年）140—141 頁。

③ 原島重義「わが国における権利論の推移」法の科学 4 号（1976 年）54 頁以下；同「開発と差止請求」九州大学法政研究 46 巻 2—4 号（1980 年）275 頁以下。

④ 参见浜田稔「不法行為の効果に関する一考察——不法行為の効果としての原状回復について」私法 15 号（1956 年）100—101 頁；竹内保雄「差止命令」加藤一郎編『公害法の生成と展望——公害法の研究』（岩波書店，1968 年）439 頁等。

说，保护范围更为宽泛的侵权行为说对于受害人救济更为有利。最后，作为对受到违法侵害的受害人救济方法，民法中存在一般理论的侵权行为法以及作为特别法理论的物权请求权制度。理论适用上，根据"特别理论往往比一般理论严格"理论，侵害排除的根据应该在于更为"轻松"的侵权行为法。①

（广义的）侵权行为说中还可以分为狭义侵权行为说、忍受限度说、违法侵害说。狭义的侵权行为说指的是以民法第 709 条（一般侵权行为条款）为根据请求侵害排除的观点。忍受限度说指的是比较衡量"受害人一方遭受损害的种类程度，加害方的侵害行为的样态、是否采取了回避措施等因素，以及地域性等其他因素"以决定是否超过忍受限度，如果超过忍受限度则可以认可侵害排除请求。违法侵害说指的是如果客观上值得法律保护的私权受到侵害，需要侵害排除请求权的保护的话，那么这种保护的必要性本身可以成为侵害排除的依据。

上述几种侵权行为说的学说，因为不像权利说那般排除利益衡量，所以具有以下诸多优点。首先，侵权行为说可以应对环境污染事件的多样性复杂性；其次，其与日本侵权行为法中的相关关系说比较接近，便可以在违法性、损害范围等方面借用侵权行为法的相关理论；最后，侵权行为说也扩大了救济的范围。

但是，这种侵权行为说也存在不容忽视的问题点。第一，这种学说所推崇的综合性利益衡量论虽然可以增加判断框架的灵活性，但是反过来也可能出现即便环境权益（尤其是绝对权）受到侵害，然而考虑了诸多因素而否定侵害排除请求权的情况。② 此外，还存在法官对于是否适用侵害排除的裁量权过大的问题。第二，该理论还有诸多理论难点亟待解决。比如，侵权行为说往往混同了作为侵权损害赔偿请求权效果的"恢复原状（损害赔偿）"和作为侵害排除请求权效果的"侵害排除（妨害排除）"。

---

① 参见伊藤進「判批」判例時報 715 号（1973 年）139 頁；清水兼男「公害差止の不法行為構成」民商法雑誌 78 巻臨時増刊 1 号『法と権利 1——末川博先生追悼論集』（日本評論社，1978 年）379 頁等。

② 关于这点，很早便有学者提出了批判，比如原島重義「開発と差止請求」九州大学法政研究 46 巻 2—4 号（1980 年）305 頁。

但是，这两者之间实质上是有差异的。① 还比如说，在侵害排除的侵权行为说中，如何看待过失要件，② 在损害尚未发生阶段是否可以认可侵害排除等。③ 第三，侵权行为说最大的问题是没有看到侵害排除请求权和损害赔偿请求权之间存在构造上的差异。一般来说，侵害排除请求权指的是权利的"圆满状态受到了妨碍，或者存在这种可能性，可以请求对方恢复对权利的支配状态，或者采取防治措施"。④ 这种侵害排除请求权是以纠正上述对"法律应有状态"的侵害为目的的，而不是以对侵害人课以财产上的不利益为目的的。⑤ 与此相对，侵权行为损害赔偿请求权是让加害人最终负担过去所产生的"损害"，一般是通过恢复原状（损害赔偿）得以实现的，这也是侵权行为损害赔偿请求权的主要目的。只是，恢复原状给加害人课以财产上的不利益，因此就需要正当化的归责事由。由于两种制度在制度目的设计上本来就存在不同，也导致了两者在要件以及内容上存在差异。因此，侵害排除请求权的根据不应该在侵权

---

　　① 具体来说，两者之间存在如下差异。物权请求权（或者说物权性排除妨害请求权）目的是实现对物的支配，即是为了保护物权不受到妨碍，而损害赔偿是以已经产生的损害的恢复为目的的。侵害排除是"权利的行使或者法益的享受受到了现在或者将来某种事实的妨害状态及其原因"的"侵害"，而"损害赔偿（恢复原状）"则是"过去所产生的财产性不利益"的"损害"［好美清光「物権の請求権」舟橋諄一、德本鎮編『新版注釈民法（6）物権（1）（補訂版）』（有斐閣，2009 年）142 頁］。因此，侵权行为说的反对者认为应该严格区分侵害排除和恢复原状。

　　② 即侵害排除是否需要归责事由的问题。众所周知，侵权行为损害赔偿请求权的产生是以加害人对损害结果存在归责事由为前提的。而一般认为侵害排除请求权不以侵害人的归责事由为发生要件的，这是因为侵害排除只是为了维持或者恢复"法律上本来的状态"，此时即便侵害者不存在故意或者过失也可以请求排除侵害。

　　③ 从侵权责任的成立要件上严格来说，损害"已经"发生是传统侵权行为法的要件之一。而对某种法益即便"侵害"马上到来也不能说已经产生了损害。如果采取侵权行为说的话，那么在损害发生之前就不存在适用侵害排除的余地了。如此一来，首先要某种法益受到确实的损害才能适用侵害排除。这显然是不合理的。当然，也有人将"即将发生具体的侵害法益的危险性的状态"理解为侵权行为中的"损害"。但是如此扩大损害概念是否妥当也是一个不得不讨论的课题。这种解释论只是为了解决这个问题的方便出发，但是对整个侵权法乃至民法体系的破坏也是不得不考虑的一个问题。

　　④ 参见四宫和夫『事務管理・不当利得・不法行為（中巻）』（青林書院，1983 年）251頁。以物权请求权为例，参见好美清光「物権の請求権」舟橋諄一、德本鎮編『新版注釈民法（6）物権（1）（補訂版）』（有斐閣，2009 年）113 頁。

　　⑤ 根本尚德『差止請求権の法理』（有斐閣，2011 年）60 頁以下。

行为制度中寻求。①

三　二元说的抬头

如果上述考察没有错误的话，无论是权利说还是侵权行为说，单独作为环境侵害排除的根据是存在其局限性的。② 由此，出现了一种全新的组合了上述权利说和侵权行为说的二元说，并逐步成为日本主导性的学说（有力说）。

从上文分析看，乍一看权利说和侵权行为说是存在严重对立的两种学说，可实际上两种学说正在不断相互靠近，这种现象可以称为两种学说的趋同化。先来看两种学说之间本来存在何种区别。一般认为，权利说是根据权利的反射力请求侵害排除，而侵权行为说则是根据侵权行为的效果认可侵害排除。本质上的区别是，前者主张尽可能排除利益衡量，而后者则是通过利益衡量来决定是否认可侵害排除请求。③ 但是，比如作为权利说之一环境权说和侵权行为说之一的忍受限度论，出现了以下相互接近的现象。④ 首先，忍受限度论舍弃了毫无限制的综合衡量论，设定了侵害排除的判断基准并进行了类型化。即，在受害利益比较重大的情况下，不问侵害行为的样态而直接评价行为违法。而在日照、噪声妨碍等比较轻

---

① 此外，有日本学者的论文从另外一个角度（德国法上的不作为之诉）来证明侵权行为说的不合理之处（赤松美登里「ドイツにおける一般的予防的不作為の訴え——その法的構成を中心として」同志社法学 36 巻 3 号 382 頁以下）。该论文详细分析了德国判例以及学说中一般不作为之诉（die allgemeine Unterlassungsklage）的法理根据，指出德国判例以及通说中放弃了将一般不作为之诉视作侵权行为责任方式，而是通过类推适用 BGB 第 1004 条第 1 款（基于所有权的排除妨害请求权的规定）来解释一般不作为之诉。具体来说，德国侵权行为法中，侵权责任的成立要件中除了违法性还有加害人的故意或者过失等有责性。如果将一般不作为之诉理解为侵权行为的责任方式的话，那么本来作为侵权责任成立要件的有责性要件就被排除掉，这是因为预防侵害与有责性要件是难以相容的。其结果是"即便存在违法侵害，也可能因为对方不存在有责性而难以预防这种侵害"，这种结果不仅是不合理的，也不是预防性不作为请求权的发展趋势。这就是德国一般不作为之诉中侵权行为说最终被舍弃的根本原因［同时参见根本尚德『差止請求権の法理』（有斐閣，2011 年）68—69 頁］。

② 有学者评价到权利说和侵权行为说"都是一长一短，可以说认为两者并存的二元说才是完全之选"［四宫和夫『事務管理·不当利得·不法行為（下巻）』（青林書院，1985 年）478 頁］。

③ 参见吉村良一『環境法の現代的課題——公私協働の視点から』（有斐閣，2011 年）192 頁。

④ 以下参见沢井裕『公害差止の法理』（日本評論社，1976 年）23—25 頁。

微的情况下，则需要进行综合性的忍受限度的判断。其次，环境权说也放弃了排除一切利益衡量的立场，在加害人与受害人之间存在地位交换性的相邻关系的情况下认可了利益衡量。改良后的环境权说主张"在没有地位互换可能性的典型的现代型环境破坏的场合，适用环境权说才更为恰当"。①

那么这种趋同化现象对于侵害排除的根据论以及要件论产生怎样的影响呢？在两种学说互相靠近的过程中，形成了怎样的共同点呢？对于这些问题，笔者认为，首先，两种学说都不否定价值判断和利益衡量的必要性，也不否定这两个要素调和的重要性。虽然说优先保护何种权利或者利益不是一个仅仅依靠人的感觉就能得出结论的，但是不可否认的是，随着近代社会以来所有权至上的思想以及战后生命身体等人格权意识的高涨，在价值判断之时所有权、人格权等权利占据了比较高的位阶。在侵害排除论中，这种价值判断是作为"隐性的要件"，可以说对侵害排除的根据论以及要件论产生巨大的影响。这一点也包含在上述两种学说中。② 其次，两说都是难以舍弃利益衡量。环境问题中需要面对的是复杂多样的事态，也就需要富有弹性的判断框架。比起损害赔偿，侵害排除需要考虑更多的因素。因此，即便是权利说也是难以无视利益衡量的。两种学说还有一个共同点是都对权利论的忽视持有高度的警戒。在包含忍受限度论在内的关于侵害排除的各种学说中，都比较重视重要的权利受到侵害之时的救济。

这种趋同化现象对于侵害排除的要件论又会产生什么影响呢？笔者将于下文讨论具体的要件论，这里首先确认一点的是，由于上述趋同化现象，让侵害排除的要件论呈现出一种二层构造的趋势。也就说，在要件论方面，首先将法益分为比较重要的法益以及除此之外的法益，在此基础上赋予不同的法益以不同的保护方法，设置不同的要件，这就是二层构造。而这种二层构造恰好与下文将要讨论的侵害排除的二元说是联系在一起的。

---

① 参见八代纪彦「環境権」西原道雄他编『現代損害賠償法講座5 公害·生活妨害』（日本評論社，1973 年）325 頁。

② 参见大塚直「生活妨害の差止に関する基礎的考察——物権的妨害排除請求権と不法行為に基づく請求権との交錯」（8）法学協会雑誌 107 巻 4 号（1990 年）519 頁。

第二节　日本环境侵害排除根据论的
到达点——二元说

正如本章第一部分所述，对于侵害排除的根据而言，一元说是苦难的，而随着各种学说趋同化，二元说已经变成一个有力说了。日本二元说中代表的观点是 20 世纪 70 年代的泽井裕教授的学说与 20 世纪 80 年代大塚直教授提出的学说。这两位学者的学说对日本的侵害排除根据论进行了翔实的考究，并对具体的要件论也展开了论证，可以说是对当今日本侵害排除论影响最大的学说。本书将以这两位学者所论为中心探讨日本关于侵害排除的二元论。

一　泽井说与大塚说概要

（一）泽井教授的二元根据论

泽井教授在强调了侵害排除的法理根据的实用性和法律安定性的基础上，认为"首先需以权利说的确立为前提，然后对于权利说不能涵盖的外延则将对法益的违法侵害视作侵害排除的根据。这种做法无论是理论上还是实践都无不妥之处"。① 也就是说，泽井说一方面"尽量维持权利说的立场"，另一方面对于权利说难以涵盖的法益，泽井教授则支持用违法侵害说来应对。对于采用违法侵害说的理由，主要有以下两点。即，"①侵害排除不应该仅仅保护权利，而要对一般的利益也加以保护；②通过加害行为的恶劣程度的证明来弥补受害证明不够充分的缺陷"。② 之后，泽井教授将具体的判断基准分为绝对性侵害排除判断基准和相对性侵害排除判断基准。对于生命、身体（健康）的侵害适用前者，仅以此便可以认可侵害排除请求。与此相对，后者的场合下，原告只需要证明存在受害事实便可原则上认定为违法，但是只要尚未到达绝对性侵害排除基准，被告便可以以地域性上处于忍受限度之下或者加害行为的社会有用性等为理由，主张违法性减免事由。在这里，受害的重大性与加害行为的样态需要相互关联进行衡量判断。

———————————

① 参见沢井裕『公害差止の法理』（日本評論社，1976 年）3 頁。

② 参见沢井裕『著者からの釈明』民商法雑誌 77 巻 3 号（1977 年）139—140 頁。

对于泽井教授的二元说，有人提出了以下批判。比如，淡路刚久教授就指出，如果站在权利说的立场上，只要发生了权利的侵害并可以请求侵害排除的话，那么非权利的利益受到侵害便不会产生侵害排除请求权的问题。同时，如果利益的违法侵害本身可以成为侵害排除的根据的话，权利侵害之时便有充足的理由认可侵害排除请求权了。① 对于这种批判，泽井教授回应到，在权利说的基础上用违法侵害说涵盖利益侵害的做法融合了权利论的重要性以及利益衡量两个方面。虽然从解释论上来看，对于侵害排除论还有其他理解的方式，② 但是泽井教授认为自己的学说并不是相互矛盾的。

（二）大塚教授的二元根据论

大塚直教授是主张如下二元说的。③ 公害环境问题包含的问题是多种多样的，因环境污染受到侵害的权益也是多种多样的。大塚说首先将对法益的侵害区分为"侵害权利乃至权利的核心部分"和"侵害还未被认知为权利的利益"。此外，还将因公害而受到侵害分为积极性侵害与消极性侵害。所谓积极性侵害指的是污染物质超越边界侵害受害人法益的情况，而消极性侵害指的是日照妨碍、眺望妨碍等消极性的方式侵害法益的情况。大塚说主张，对于前者采用权利说，后者则采用侵权行为说。具体来说，在积极性侵害的情况下，以人格权或者物权等权利为根据，原告可以请求侵害排除。这里所说的人格权可以分为：①生命和健康，②还没发展到疾病的潜在健康侵害以及重大精神性侵害，③以不快感为代表的轻微精神侵害。在消极性侵害的情况下，采用侵权行为说，综合衡量加害人的主观样态等多种因素，以决定是否认可侵害排除。当然，即便采取了侵权行为说，也不是和一般侵权行为完全一样，而不要求已经发生了损害，且在过失论上采取与传统过失论所不同的学说，即借鉴平井宜雄教授借鉴并发展了英美法系中的"汉德公式"等相关经验，提出的新过失论。平井的过失论认为，决定过失是否存在的因素主要有以下三个"（ⅰ）因被告的行为发生损害的程度或者盖然性的大小；（ⅱ）被侵害利益的重大性；

---

① 参见淡路刚久「書評」民商法雑誌 77 卷 3 号（1977 年）130 頁以下。

② 比如说，站在违法侵害说的基础上，在绝对权侵害之时排除利益衡量采用权利说的理解。

③ 参见大塚直「生活妨害の差止に関する基礎の考察——物権の妨害排除請求権と不法行為に基づく請求権との交錯」（8）法学協会雑誌 107 卷 4 号（1990 年）517 頁以下；大塚直「人格権に基づく差止請求——他の構成による差止請求との関係を中心として」民商法雑誌 116 卷 4—5 号（1997 年）501 頁以下。

（ⅲ）让被告负损害回避义务而被牺牲的利益与上述（ⅰ）（ⅱ）因素的比较衡量"。① 在大塚教授的侵权行为说中，这里的"过失可以认为是一种非常客观的行为义务……这与作为积极性侵害中的物权请求权（或者基于人格权的请求权）要件的'违法性'几乎没有什么不同"。②

值得一提的是，在日本最近的民法修改的讨论中，大塚教授提出了下述立法提案，提倡建立全新的侵害排除的规定。③

　　民法修改研究会的立法提案：第三编债权　第六章侵权行为　第二章侵害排除等
　　第673条第一款：本人的生命、身体受到侵害或者有侵害之虞的，可以请求对方停止或者预防侵害。
　　第673条第二款：本人类似于人身自由、物权等权利受到侵害的，准用前款规定。
　　第673条第三款：本人的信用、名誉或者其他人格权受到侵害或者有侵害之虞的，可以请求对方停止或者预防并采取必要的行为。但是这种侵害是社会生活上应该容忍的或者缺乏其他违法性的除外。
　　第673条第四款：本人的生活利益或者其他利益受到侵害或者有侵害之虞的，可以请求对方停止或者预防并采取必要的行为。

在这个立法建议稿里，侵害排除与损害赔偿并列规定在民法侵权行为章里，采用了权利和称不上权利的利益的"二层构造"。比较有意思的是，该建议案里还在权利内部分为生命、身体、自由的权利与名誉、信誉等人格权。④ 此外，值得注意的是该立法建议稿里并没有出现大塚说中的过失要件。

----

① 参见平井宜雄『損害賠償法の理論』（東京大学出版会，1971年）403—414頁。但是值得注意的是大塚教授虽然在侵害排除的法理根据方面采用了平井教授的过失理论，但是与日本违法性不要说的代表平井教授不同，认为违法性仍然是必要要件。

② 参见大塚直「生活妨害の差止に関する基礎的考察——物権的妨害排除請求権と不法行為に基づく請求権との交錯」（8）法学協会雑誌107巻4号（1990年）531頁。

③ 条文参见『法律時報増刊：民法改正国民法曹学界有志案』（日本評論社，2009年）232頁。建议理由参见大塚直「差止と損害賠償」加藤雅信編『民法改正と世界の民法典』（信山社，2009年）129頁以下。

④ 从这个意义上说这种做法还可以称为"三层构造"。

二　两说的异同

先确认一下两说的相同之处。首先，从总体上来看，两说都是以二元说为根据请求侵害排除的学说。具体来说，两说都认为侵害排除的根据如下。在区分权利侵害和利益侵害的基础上，对于前者不问行为的样态等情况，尽量排除利益衡量而认可侵害排除，对于后者则需要考虑各种因素并通过综合性的利益衡量判断是否认可侵害排除请求。比如说，泽井说明确指出"我所提倡的复合构造（即二元说，笔者注）就是将违法类型区分为权利侵害和利益侵害两种"。[①] 侵害生命、身体、健康等权利可以基于权利本身请求侵害排除，而且"这种绝对权受到侵害之时，不问受害的程度、行为的样态等而认可侵害排除请求"。[②] 与此相对，"关于环境侵害排除，在人格权、环境权或者物权等权利说难以涵盖，从本质上作为应受保护的环境利益，但是既没有量的侵害，也没有违法性（这里仅仅指权利侵害）的案件中，受害人需要证明侵害行为的样态（是否违反义务），并补强违法性要件"。[③] 在大塚说中，在积极性侵害中采用权利说，与此相对在消极性侵害的场合采用侵权行为说，并认为"在判断侵害排除所考虑的因素、证明责任等方面两者之间也存在不同之处"。[④]

笔者认为，上述共同点之所以存在是与两位学者的侵权行为类型论有关的。虽然说侵权行为（损害赔偿）与侵害排除是不同的两种事物，但是不可否认的是在侵权行为基础理论中对侵权行为的分类（即类型论）会对两说的侵害排除论产生莫大的影响。泽井教授认为，侵权行为可以分为绝对权类型、衡量类型和行为类型。[⑤] 与侵害排除的类型相对应，绝对

①　参见沢井裕「著者からの釈明」民商法雑誌 77 巻 3 号（1977 年）140 頁。

②　参见沢井裕『テキストブック事務管理・不当利得・不法行為（第三版）』（有斐閣，2001 年）124—125 頁。但是也存在例外情况，比如"排除请求存在恶意、利害关系存在重大偏颇、所有权等权利的行使存在权力滥用等"（该书第 125 页）。

③　参见沢井裕「著者からの釈明」民商法雑誌 77 巻 3 号（1977 年）140 頁。

④　参见大塚直「生活妨害の差止に関する基礎的考察——物権の妨害排除請求権と不法行為に基づく請求権との交錯」(8) 法学協会雑誌 107 巻 4 号（1990 年）528 頁以下、同大塚直「人格権に基づく差止請求——他の構成による差止請求との関係を中心として」民商法雑誌 116 巻 4—5 号（1997 年）535 頁。

⑤　以下内容参见沢井裕『テキストブック事務管理・不当利得・不法行為（第三版）』（有斐閣，2001 年）138—139 頁。

权类型对应权利侵害的情形，"行为样态即便不存在恶劣性质也可以判断行为违法，所以无须相关关系的考量。此外，侵害绝对权以及生命健康不能通过利益衡量变得合法化"。因此，可以说上述侵权行为的类型论基本上与泽井教授的侵害排除二元说是相对应的。那么，大塚教授的侵权行为类型论又如何呢？总体上看，大塚教授首先是站在"权力利益区别论（法益二层构造论）"的立场上，将权利利益分为"第一种法益"（权利）和"第二种法益"（利益）两种。① 第二种法益还可以进一步分为两种，即要求一般的违法性的情形（第一种利益）和只有存在显著违法性或者权利滥用才保护该法益的情形（第二种利益）。将这种类型论对应到侵害排除论，可以发现基本上第一种法益（权利）相当于权利说，第二种法益（特别是第一种利益）属于利益说（或者侵权行为说）。虽然上述侵权行为类型论是属于对全体侵权行为的见解，但是也反映了对两位学者各自的侵害排除根据论的影响。

其次，对于侵害利益的情形，泽井说采取了违法侵害说，而大塚说则采取侵权行为说。两者看似相异，笔者认为实际上两者的差别并没有想象的那么大。正如上文所述，大塚说虽然在利益侵害的场合下站在侵权行为说的立场上，但是其理由不过是"侵害排除成为最近一个亟待解决的问题，（大塚说，笔者注）不过是'借用'了民法中与之最为合适的理论，至于在要件细节上，并不必然与一般侵权行为完全一样"，而"侵害排除在性质上并不需要'损害'已经发生，而只要存在发生的高度盖然性即可"。② 此外，对于过失，由于大塚教授采用的是平井学说（三因素）或者汉德公式，结果主观因素便只是判断侵害排除之时考虑的一个补强要素而已，便不是一个必要要件了。另外，泽井教授站在违法侵害说的立场上，本来就不要求存在过失，而且损害也只要求已经发生或者将来有发生可能性便可。这样一来，笔者认为即使是在利益侵害的场合下，大塚说和泽井说也并不存在太大的差异。

---

① 以下内容参见大塚直「公害・環境、医療分野における権利利益侵害要件」NBL936 号（2010 年）42 頁。

② 参见大塚直「生活妨害の差止に関する基礎的考察——物権的妨害排除請求権と不法行為に基づく請求権との交錯」(8) 法学協会雑誌 107 巻 4 号（1990 年）530 頁；同大塚直「人格権に基づく差止請求——他の構成による差止請求との関係を中心として」民商法雑誌 116 巻 4—5 号（1997 年）535 頁。

关于两说的不同之处，主要有以下几项。第一，泽井说中并不存在大塚说中的积极性侵害与消极性侵害的分类。此外，大塚说还列举了消极性侵害类型中判断侵害排除请求之时，需要考虑恶意、地域性、先后关系等要素。① 与此相对，泽井说中消极性侵害并不是一种独立的类型，而是将其放在利益侵害中处理。因此，恶意、地域性等要素也就是考虑违法侵害的时候考虑的因素了。第二，关于侵害排除和恢复原状的关系，两者之间也存在差异。根据泽井说的观点，② "对由于过去的侵害行为已经发生的损害的事后处理是广义上的恢复原状"，与此相对 "侵害排除是对将来的受害的抑制，即以除去侵害的原因为目的的"。只有当事人 "将来" 的事态是利益衡量需要考虑的，而过去的情况则仅仅是参考而已。因此，"区分侵害是损害赔偿的对象还是侵害排除的对象是一个重要的问题"。也就是说，泽井教授是站在侵害排除和恢复原状相区别的立场上的。与此相对，大塚教授认为 "因为与德国法不同，我国并不认可基于侵权行为的恢复原状，所以非常有必要将其视作物权请求权等的效果"。因此，"物权请求权、人格权的效果至少可以涵盖侵害排除和恢复原状竞合的情形"。③ 也就是说，大塚说广泛承认侵害排除与恢复原状之间的交叉情况的存在。这种对侵害排除和恢复原状关系的不同理解，也许就是泽井说和大塚说的观点不同的理由之一。即，泽井说不问是否已经发生了损害而选择了违法侵害说，而大塚说则对恢复原状比较接纳而采取了侵权行为说。但是，两说都承认侵害排除与恢复原状之间存在交叉。④

尽管大塚说和泽井说之间存在若干不同之处，但是从要件层面看，两者之间并没有实质上的重大的区别。或者可以说，20 世纪 80 年代的大塚说继承了 20 世纪 70 年代的泽井说，并将其内容详细化和精致化。

---

① 参见大塚直「生活妨害の差止に関する基礎的考察——物権的妨害排除請求権と不法行為に基づく請求権との交錯」(8) 法学協会雑誌 107 巻 4 号（1990 年）609 頁。

② 以下内容参见沢井裕『公害差止の法理』（日本評論社，1976 年）110 頁以下。

③ 参见大塚直「人格権に基づく差止請求——他の構成による差止請求との関係を中心として」民商法雑誌 116 巻 4—5 号（1997 年）516—517 頁。

④ 对于这种观点，也有学者提出了批判。即侵害排除和损害赔偿（恢复原状）在制度目的以及两者的要件和效果存在基本的且是构造性的不同，因此反对侵权行为构成并主张应该严格明确地区分两者〔参见根本尚德『差止請求権の法理』（有斐閣，2011 年）51 頁以下〕。

第三节　其他重要学说

　　上文总结了日本代表性的二元说（泽井说和大塚说）的内容及其异同。当然，除了上文中的权利说和侵权行为说，现在日本也存在反对二元说而主张一元说的新动向。但是，先从结论上来说，如果仔细研究这些学说的内容的话，可以发现这些学说未必是彻底的一元说。此外，二元说之外，日本学界也提出了不少采取一元化侵害排除根据的新学说。那么，这些新一元说能否作为环境侵害排除的依据呢？这些新一元说与上述二元说又是什么关系呢？下面，本书将探讨以淡路刚久、吉田克己、根本尚德为代表的学说，研究全新的一元说。

一　淡路说

　　首先在谈淡路教授之前不得不谈的是其一直提倡的新忍受限度论。所谓的新忍受限度论指的是，在公害环境的场合下，用"受害超越忍受限度"一个要件取代日本民法第 709 条（一般侵权行为条款）中的过错要件与违法性要件（或者权利侵害要件），判断是否存在环境侵权。[①]站在这种立场上，关于环境侵害排除的根据，淡路教授认为"无论采取何种学说实际结论上并没有太大区别"，"无论如何处理，忍受限度的判断是不可避免的"。因此，侵害排除论的课题在于"承认进行忍受限度判断之后，探讨应该在何种程度上重视哪些要素的问题"。[②]虽然可以说这种新忍受限度论可以归属于广义的侵权行为说，但是淡路教授认为以侵权行为说为根据的忍受限度论由于"被侵害利益的重大性与加害行为的样态之间需要通过相关关系理论进行判断，存在模糊不清之处"，因此存在没有限制的利益衡量和法官自由裁量权过大的问题。[③]淡路教授对侵权行为说（忍受限度论）进行了理论再构建，提

---

　　① 采用新忍受限度论的有：野村好弘「故意、過失および違法性」加藤一郎編『公害法の生成と展望——公害法の研究』（岩波書店，1968 年）405—406 頁；淡路剛久「公害における故意・過失と違法性」ジュリスト458 号（1970 年）375—376 頁；野村好弘、淡路剛久『公害判例の研究』（都市開発研究会，1971 年）14—21 頁等。

　　② 参见淡路剛久『公害賠償の理論（増補版）』（有斐閣，1978 年）225—226 頁。

　　③ 参见淡路剛久『公害賠償の理論（増補版）』（有斐閣，1978 年）236 頁。

出了下述主张。

　　首先，淡路说认为，侵害排除之可否应该综合衡量"受侵害利益的性质和侵害的重大性、加害行为的样态以及社会对此的评价……损害回避可能性以及加害人为了回避损害而采取的措施、加害人是否遵守了公法基准"等全部要素①。同时，侵害排除请求权必须以受害本位为基础，强调生命、身体的特别保护。即，生命、身体等绝对性法益受到侵害（或者有侵害之虞）之时，便可直接认可侵害排除请求。其次，对于物权请求权、人格权，淡路教授将这些权利放入环境权中是极其困难的，因此有必要维持物权请求权和人格权请求权。② 但是，面对环境污染多样化、复杂化和日常化，仅仅依靠以少数受害人为前提的传统的侵害排除请求权（物权请求权说、人格权说或者侵权行为说）已经难以充分发挥其机能了。淡路教授借鉴环境权说的有益观点，提出了下述全新的观点。即，"根据环境保护程序论，污染方在何种程度上采取了保护环境的程序，以及这种程序是否违法可以成为司法审查的对象"，这就是淡路教授提倡的"环境权程序论"。③ 这种程序包括：①事前是否公开详尽的计划、资料，以及其后是否按照计划推进；②是否在进行了充分的环境影响调查且反映了居民的意见之后才开始施工；③是否充分听取居民意见及解答相关疑问；④是否为了取得居民同意付出十分的努力。环境权程序论认为，上述要素的考量是极其重要的，欠缺这些要素便可支持侵害排除请求。④

二　吉田说

　　最近几年，吉田克己教授提出的以违反环境秩序为理由认可侵害排除的观点，引起了学界的注意和讨论。⑤ 这种理论学说的源流在于广中俊雄

---

　　① 淡路剛久「公害における故意・過失と違法性」ジュリスト458号（1970年）376頁。
　　② 参见淡路剛久『環境権の法理と裁判』（有斐閣、1980年）81頁。
　　③ 参见淡路剛久「人格権・環境権に基づく差止請求権」判例タイムズ1062号（2001年）156頁。
　　④ 参见淡路剛久『環境権の法理と裁判』（有斐閣、1980年）83頁。
　　⑤ 参见吉田克己『現代市民社会と民法学』（日本評論社、1999年）242—252頁；同「景観利益の法的保護——《民法と公共性》をめぐって」慶応法学3号（2005年）79頁以下；同「環境秩序と民法」吉田克己編『環境秩序と公私協働』（北海道大学出版会、2011年）67頁以下；同「『景観利益』の法的保護（東京地判平成14.12.18）」判例タイムズ1102号（2003年）67—93頁。

教授提出的民法理论。① 广中教授认为，市民社会之所以成立的秩序可以分为三类：第一类是个体财产的归属以及基于归属主体的财产转移，这种核心秩序叫"财产秩序"，其外围秩序称为"竞争秩序"；第二类是个人作为全部人格利益的归属主体，其核心秩序是"人格秩序"，外围秩序叫"生活利益秩序"；第三类可以称为"权力秩序"。其中，核心秩序（财产秩序、人格秩序）受到侵害的话，这种状态本身可以评价为"违反秩序"，侵害人就应该停止这种侵害（侵害排除）。然后，侵害人存在故意或者过失的话，在核心秩序对社会的要求的范围以及样态内，对归属主体所产生的损害承担赔偿责任。与此相对，当外围秩序（生活利益秩序等）受到侵害而且超过某种限度之时，就可认定违反外扩秩序，受害人可以请求停止或者避免生活妨害。

　　吉田说就是以广中学说为基础发展出来的学说。吉田说将生命健康等人格权作为"人格秩序"，将除此之外的作为"外围秩序"，将违反秩序作为侵害排除的根据。以景观利益为例，景观利益是一种据民间相互约束而形成的生活利益，这是由生活利益秩序所保护的。这种秩序受到侵害之时，可以请求侵害排除。景观利益带有公共的性质，但是这种公共性并不与私法属性有何排斥，两种属性是可以并列存在的（双重性）。② 此外，即便没有制定城市规划、建筑条例等法律规定，对于环境赖以依存的土地，还是存在关于土地利用的一般地域规则（这也是一种公共秩序），其也具有一定的规范性。此时，可以参照秩序违反请求侵害排除。③ 吉田说就是以这种"秩序"为根据请求侵害排除的学说。④

　　吉田教授的学说虽然令人耳目一新，考虑到吉田教授的相关论述都是以所谓"景观利益"为中心提出的，该说也存在以下局限。第一，吉田

---

①　参见广中俊雄『新版民法綱要（総論）』（創文社，2006年）1頁以下、特に19頁以下。

②　参见吉田克己「景観利益の法的保護——《民法と公共性》をめぐって」慶応法学3号（2005年）91頁等。

③　参见吉田克己「『景観利益』の法的保護（東京地判平成14.12.18）」判例タイムズ1102号（2003年）71頁。

④　原岛重义教授的学说虽然和吉田说完全不同，但是原岛教授也提到了环境秩序与侵害排除的关系。原岛教授认为，环境是"社会公共财产。利用环境的过程中就会自发产生规则、秩序和规范"。因此，"市民私人的请求就成为了恢复环境利用秩序的契机或者理由"，"此时只要存在实质性环境破坏，即便还没有侵害生命健康等权利，也可以支持侵害排除请求"〔原岛重義「わが国における権利論の推移」法の科学4号（1976年）99頁〕。

说中的"秩序"到底可以涵盖到哪些范围的问题。"秩序"这个概念本来就不是民法中的用词,其本身模糊不清而且范围也不够明确。而且,即便像景观利益一样存在某种客观的秩序,但是其他情况中(比如自然环境的情况)是否也存在某种秩序呢?这不得不让人产生疑问。第二,从公私法互动的角度来看,① 即便在环境公害的情况下的"秩序"存在公法和私法的双重属性,但是也不能忽视公法和私法本身所具有的界限。也就是说,即使承认公法和私法存在交叉和互动的可能性,但是将传统的私法理论一下子转换成"秩序"还是存在疑问的。第三,对于吉田说中的"地域规则"也有许多批判。比起人格利益概念,地域规则的内容更为模糊。如果将其理解为一种政策上的规则以弥补公法的不完备倒也情有可原,但是说到底这也是城市规划法等公法的完善的问题,而不是私法所要解决的问题。此外,都市环境法中是否需要地域规则这样一个概念是值得商榷的。比如,都市景观本来就是自然形成的,是否需要强制维持较好景观就是一个值得怀疑的问题。此外,还有学者指出地域规则不仅在适用范围上较为狭隘,而且在争议当事人之间是否可以适用也是一个问题。第四,对吉田说的批判说中,最为核心的是吉田说中的秩序论与传统的权利利益的关系,尤其是与权利论难以相容的问题。具体来说,对于日本"民法第709条,判例自昭和60年代以后,频繁地适用'权利侵害'要件,而且民法现代语化之后,该条中加上了'法律所保护的利益'。② 结果是利益侵害也逐渐受到重视。基于此,非个人排他性权利的利益也变得越来越重要。因此,就没有必要将生活妨害中受到侵害的个人利益也纳入到'秩序'中去了"。③ 第五,由于环境秩序是一个难以定义的概念,过于强调

---

① 本书在这里限于篇幅不能详细讨论,日本最近几年公私法互动是一个学术热点问题,具体参见(日)吉村良一《从民法角度看公法与私法的交错与互动》,张挺译,载《人大法律评论》2012年第2卷,第233页以下。

② 日本于2004年对民法规定进行了用语上的修改,变古语为现代语,使得用语更为通俗化。这次现代语化改革几乎没有改变任何民法的规定,但是有一处——规定侵权行为一般条款的第709条——在权利侵害要件加上了"法律上所保护的利益"侵害。这是立法对有关权利侵害的判例和学说的发展之回应,尤其是用违法性取代权利侵害以及采取了对违法性进行相关的判断的框架,反映了判例的立场,即在难以称得上的权利受到侵害的场合扩大了侵权行为责任的范围。这实际上扩大了侵权行为法的保护法益的范围。

③ 大塚直「環境訴訟と差止の法理」能見善久他編『平井宜雄先生古稀記念:民法学における法と政策』(有斐閣,2007年)731頁。

环境秩序可能限制个人的行动自由，也可能使得法官的自由裁量过于宽泛，结果可能不符合环境保护的客观要求。综上几点可以发现，吉田说大幅偏离了现行法的构造，是一种包含诸多异质的学说。

三　根本说

根本尚德副教授认为，传统的关于侵害排除的理论根据（特别是根据排他性支配权请求侵害排除的学说）存在以下问题。首先，环境在本质上不属于任何特定私人。即使因为环境破坏行为私人遭受了某些不利益，由于该私人的权利（支配权）没有受到侵害，此时侵害排除请求的根据在哪里呢？[①]　其次，依据传统的民法理论，侵害排除请求权的运用被限定为权利（排他性支配权）受到侵害之时。但是，为了恰当地解决纠纷，需要考虑被侵害法益的内容、侵害人一方的利益的性质等进行利益衡量。传统的理论并不能赋予受害人广泛的侵害排除请求权，因此无益于解决实际情况。[②]　此外，根本副教授还对以泽井说为代表的二元说进行了有力的批判。[③]　根本说认为组合而成的二元说中的权利说和违法侵害说的内容存在相互矛盾。具体来说，如果依据权利说，未上升到权利的利益即便受到侵害，既然没有侵害"权利"，那么便不能认可侵害排除请求。但是如果要广泛认可权利之外的利益的话，就必须要否定权利说。正是由于两者是互为矛盾的关系，"如果彻底贯彻二元说中的一者，就必然意味着另一者的理论根据以及主张难以成立"。因此，复合构造说（二元说）得以贯彻的话，最终权利说和违法侵害说必然走向同一化。

在批判了权利说、侵权行为说以及二元说的基础上，根本副教授提出了再次构建传统的违法侵害说的学说，即所谓的新违法侵害说。[④]　首先，"如果说侵害排除请求权是由保护法益的外部赋予的话，那么理论上可以说是法律制度乃至法律原理设置了这种由保护法益外部赋予的侵害排除请求权"。也就是说，侵害排除请求权不是这些法益赋予的，而是外部赋予的，即"外部论"。其次，为了发动这种侵害排除制度，需要是在"考虑

---

① 参见根本尚德『差止請求権の法理』（有斐閣2011年）4頁。
② 同上书，6頁。
③ 同上书，113頁以下。
④ 同上书，103頁以下。

诸多因素的利益衡量之上，认定某种法益受到违法侵害，且有保护之需要"之时，即存在违法侵害之际。

根本说为了对自己的观点寻求根据，首先将目光转向了日本传统理论中的所谓"不可侵性理论"。所谓的不可侵性理论指的是侵害排除请求权的发生根据在于权利具有一般不可侵性的通性的特点。可以说不可侵性理论已经是过去的理论了，迄今为止也只有非常少的学者还支持这个理论。① 根本说之所以从不可侵性理论寻求依据在于不可侵性理论与违法侵害说的特质是相似的。不可侵性理论认为，② 物权受到侵害之时，作为保护手段的物权请求权并不是基于物权的绝对性或者排他性而产生的，而是由于物权所具有的权利通性"不可侵性"。以权利共通性的"不可侵性"概念为媒介，物权请求权的适用范围可以扩张到物权（类似排他性支配权）之外的一般权利。以这种不可侵性理论为根基的侵害排除请求权具有两个特征。第一，侵害排除请求权不仅适用于物权乃至排他性支配权，也是除此之外的权利（比如债权）的保护手段。第二，对于这种侵害排除请求权而言，由于物权请求权扩张到一般权利，只要存在对权利的客观侵害，便可以直接适用。但是，不可侵性理论自提出之后便一直受到激烈的批判，并逐步为学界所舍弃，主要是因为其包含以下几个问题。③ 第一，物权请求权是物权"排他性"特质所引申出的一种权利，这几乎是学界的通说。否定这点，就难以说明为何物权请求权的适用不以侵害人的主观态度为要件的问题。第二，不可侵性理论对于所有权利都给予相同的保护，且不问过失之有无，其在解决具体纠纷方面就缺乏妥当性，这也是

---

① 比如平野裕之『不法行為法（第二版）』（信山社，2009 年）315—316 頁、435—436 頁；同『債権総論』（信山社，2005 年）188 頁等。

② 参见不可侵性理论鼻祖末弘严太郎的文献：末弘厳太郎「判批」民法判例研究会编『判例民法（1）大正 10 年度』（有斐閣，1923 年）504 頁、同「判批」民法判例研究会编『判例民法（2）大正 11 年度』（有斐閣，1924 年）146—147 頁、同『債権総論』（日本評論社，1938 年）11—12 頁等。

③ 参见好美清光「債権に基く妨害排除についての考察」一橋大学研究年報法学研究 2 号（1959 年）240—255 頁、同「賃借権に基づく妨害排除請求権」契約法大系刊行委員会编『契約法大系Ⅲ賃貸借・消費貸借』（有斐閣，1962 年）175—180 頁、同「不動産賃借権侵害と妨害排除、損害賠償」西村宏一编『不動産法大系 3 借地・借家』（青林書院新社，1970 年）549—552 頁；中井美雄「不動産賃借権に基づく妨害排除——財産体系と権利保護の制度についての一つの視点」同『民事救済法理の展開』（有斐閣，1981 年）64—72 頁；根本尚徳『差止請求権の法理』（有斐閣，2011 年）85—91 頁。

上文中所提到的权利说的通病。第三，不可侵性理论同样存在上述侵权行为说中存在的关键问题，即没有意识到侵害排除请求权和损害赔偿请求权之间存在构造上的差异。综上所言，在民法上，对所有的权利用同一要件进行保护几乎是不可能的。根本说是试图在弥补了不可侵性理论破绽的基础上进行的理论构建。

此外，根本说最主要还从比较法上寻求其依据，尤其是德国有关物权请求权的学说（尤其是 Picker 的学说）。[①] 即，"将物权请求权理解为保护对象的物权的外部赋予的保护手段是完全可能的，而且也可以维持我国传统理论中关于物权请求权的构成要件以及效果的内容"，另外，"作为我国现行民法典的解释论，所有的法益都由作为权利分配规范的法律秩序赋予其根据。物权请求权也同样如此，其有一种保护手段，也就是侵害排除请求权。当在违法的情况下，可以也应该认可侵害排除请求权"。

总而言之，根本说所主张的新违法侵害说认为侵害排除请求权的理论根据在于下述法律制度。第一，侵害排除请求制度通过侵害排除请求权广泛地保护私人的法益。第二，这种制度的内容是，当某种法益受到违法侵害，如果有必要通过侵害排除请求权排除侵害的话，就应该通过综合衡量诸多因素，决定最适合保护该法益的方式。第三，这种制度作为一种法益之外的存在，在民法体系上是与侵权行为有所不同的独立存在。

这种所谓的"制度说"，或者说"新违法侵害说"将侵害排除制度定位为法益的外在存在且有别于侵权行为的一种制度。这种制度构想将侵害排除请求作为一种救济手段，本身符合人们朴素的感情。但是，这种制度本身也包含几个问题点。第一，本说有过分强调救济的嫌疑。诚如前文所述，根本说尽管也坚持"权利论"的意义，但是通过相关关系的考量决定侵害排除可否的方法有可能稀释权利的意义，妨碍人们的行动自由。特别是在生命身体等绝对权侵害的场合下，存在弱化权利保护的可能性。第二，作为一种救济手段的违法侵害说舍弃了传统的权利利益构造，造成了与传统理论的割离。这种做法是否真的可以发挥救济的作用是存在疑问

---

① 参见根本尚德『差止請求権の法理』（有斐閣，2011 年）177 頁以下、根本尚德「差止請求権の発生根拠に関する理論的考察——E. Pickerの物権的請求権を手がかりとして」私法 72 号（2010 年）130 頁以下。还可以参见王洪亮《妨害排除与损害赔偿》，载《法学研究》2009 年第 2 期，第 63—64 页。

的。而且本说"对于将绝对权侵害与单纯的利益侵害等同视之并没有说明理由"。① 第三，虽说根本说是围绕侵害排除的根据而展开的，但是这种根据论与侵害排除的要件论之间的关系却处于一种不明的状态。结果是，根本说虽然与传统的观点相差不小，但是其要件又有多大不同则也是不明确的。第四，根本说难以在实体法上找到根据。如果是只要存在违法的状态便发生侵害排除请求权的话，那么私人是否即便没有任何法益受到侵害也产生侵害排除请求权呢？民法上的侵害排除请求权说到底还是要求请求主体是权利或者利益的享有者。② 第五，根据根本说的观点，是否存在违法侵害需要根据相关因素的衡量决定，那么何种场合下存在违法性便存在一个预测的问题，这就存在法院裁量权过大的问题。③

第四节 从要件论看根据论

一 导论

日本理论界很早就开始指出，比起根据论，侵害排除的要件论是一个更为重要的课题。比如，淡路刚久教授早在 20 世纪 70 年代就指出"传统的讨论主要将焦点放在了法律根据之上……对于侵害排除请求权的实质要件鲜有涉及。初看蔚为壮观的侵害排除的争论实际上内容是相当贫乏的……今后需要从实质的判断框架乃至要件上，而不是抽象的法理根据讨论侵害排除"。④ 正如淡路教授所言，在侵害排除论上，满足何种要件便可以认可侵害排除请求是一个极为重要的问题。

在这里先界定一下本书中关于侵害排除的根据、要件、判断基准、判断要素的关系。首先，由于日本民法中没有侵害排除的相关规定，所以需要探究侵害排除根据之所在。这就是侵害排除根据论的问题。与此相对，存在何种要件事实便可认可侵害排除请求权就是本书所说的侵害排除要件

---

① 大塚直「差止根拠論の新展開について」前田重行他編『企業法の変遷：前田庸先生喜寿記念』（有斐閣，2009 年）59 頁。

② 参见大塚直「差止根拠論の新展開について」前田重行他編『企業法の変遷：前田庸先生喜寿記念』（有斐閣，2009 年）67 頁。

③ 参见大塚直「環境訴訟と差止の法理」能見善久他編『平井宜雄先生古稀記念：民法学における法と政策』（有斐閣，2007 年）731 頁。

④ 参见淡路剛久『公害賠償の理論（増補版）』（有斐閣，1978 年）229—230 頁。

论。要件论与根据论是密切联系在一起的。比如说以侵权行为说作为侵害排除的根据的话，那么此时过失是要件，而权利说中则不以过失为要件。其次，在设定了要件之后，在案件中案情是否满足要件则是另外一个问题，这就是侵害排除的判断基准的问题。特别是在诸多根据论中都设定了忍受限度或者违法性的判断方法的问题，这也就是本书中所说的侵害排除的判断基准。最后，根据这种判断基准，需要在何种程度上考虑哪些要素便是侵害排除的判断要素的问题。当然，有必要注意的是，上述关于侵害排除的根据论、要件论、判断基准、判断要素四者之间是相互关联的。

以上述理解为前提来看前文中的各种学说，可以发现尽管在根据论上存在相当大的区别，但是在要件乃至判断基准上是相当接近的，需要考虑的判断要素也多有重合。结果根据论上的差异对于法律实践并没有带来多大的不同。这是因为不同的根据论却提出了相似的要件、判断基准以及判断要素。反过来看，从要件论（以下关于侵害排除的要件、判断基准和判断要素的问题称之为广义的要件论）来理解根据论，可以得到什么收获呢？

在探讨这个问题期间，需要弄清楚两个前提问题。第一，在考虑侵害排除要件论之际，是尽可能广泛认可侵害排除还是相对限制侵害排除是一个基本问题。更实质的来说，这是侵害排除的出发点是以救济受害人为中心还是以保障当事人的行动自由为中心的问题。如果站在受害人救济的立场上，就需要尽可能广泛认可侵害排除，在要件论上应当设立相对缓和宽松的要件。同时，在判断基准的设定上应当向受害人倾斜。相反，如果站在保障行动自由的立场上的话，应该尽可能限制侵害排除，设定相对严格的要件以及判断基准。①

第二，与上述问题相关的是权利论的问题。在侵害排除的讨论中，学界早就开始强调权利论的重要性了，而没有任何一个学说否定或者忽略权利论的重要性。但是，各个学说对权利的态度（或者说重视的程度）还是有所差异的。比如说，较早提出坚持权利论的代表性学说是原岛重义教

---

① 关于这点，有学者认为关于侵害排除要件，无论采取何种学说，都需要兼顾受害人的权利救济和行为人行动自由两方面要素。但是重点放在哪里各个学说是有所差异的〔潮見佳男『不法行為Ⅰ（第二版）』（信山社，2009 年）13 頁〕。

授的学说。① 原岛教授指出，在"用违法性替换权利侵害"的过程中，可能放弃权利论，侵害排除请求权也会因为侵权行为法的上述变化而放弃权利论。② 原岛教授批判了这种毫无限制的相关性衡量，主张在确立古典权利论的基础上，在侵害权利之时，除非存在违法性阻却事由，原则上应该认可侵害排除请求权。接下来再看泽井说和大塚说。两说虽说都是二元说，但是对权利论的理解多少存在一些区别。泽井说充分重视权利论的意义。即，"我国古典市民法的权利论还没有得到巩固的情况下，便确立了'从权利侵害到违法性'的趋势。这也就确立了只要存在权利侵害就是违法的权利论"。而"作为权利的外延部分，利益受到侵害之际，斟酌侵权行为的样态之后才可以认定存在违法性"。③ 总而言之，泽井说是以权利说为中心，对于权利的外延部分则采用违法侵害说。与此不同，大塚说在积极性侵害的情况下，尤其是在受害人的生命、健康受到侵害之时，重视权利论的意义，尽可能排除利益衡量论的适用，主张权利概念的有用性（限制利益衡量）。这种有用性显然是为了弥补人格性法益外延的不确定性。④ 与上述学说相比，吉田说虽然也支持权利论的意义，但是这里所说的权利并不仅指个人的权利，还包括具有公共性质的私权，这显然不是古典权利论的观点。此外，在外围秩序的场合，吉田说并不是以绝对权作为侵害排除的根据。⑤ 可见，以违反秩序作为侵害排除请求权根据的吉田说是与传统权利论有所差异的学说。最后，根本说也考虑到了权利论，但是新违法侵害说并不是以权利而是以违法性作为侵害排除的根据，对于权利侵害之外的各种法益，也是通过统一的相关利益衡量来判断违法性之有无。可见，在这里权利论并没有得到充分的重视。⑥ 与根本说一样，淡路说也没有对权利论做过多强调。当然，淡路说并没有采取权利利益模式，而是在忍受限度之下，将法益分为优先保护的法益和综合利益衡量而受到

---

① 参见原岛重义「わが国における権利論の推移」法の科学 4 号（1976 年）54 頁以下；原岛重義「開発と差止請求」九州大学法政研究 46 巻 2—4 号（1980 年）275 頁以下。

② 参见原岛重義「わが国における権利論の推移」法の科学 4 号（1976 年）94 頁。

③ 参见沢井裕『公害差止の法理』（日本評論社，1976 年）3 頁。

④ 参见大塚直「人格権に基づく差止請求—他の構成による差止請求との関係を中心として」民商法雑誌 116 巻 4—5 号（1997 年）552 頁。

⑤ 参见吉田克己「民法学と公私の再構成」早大比較法研究所編『比較と歴史の中の日本法』（成文堂，2008 年）421 頁。

⑥ 参见根本尚徳『差止請求権の法理』（有斐閣，2011 年）120 頁。

保护的法益。

二　侵害排除要件论相关学说

以上述两个基本问题为基础，下面以泽井说和大塚说为中心总结日本侵害排除要件论的概况。在整理要件论之后，本书试图从要件论的角度再次审视根据论对要件论的影响。

（一）泽井说中的要件论

正如前文所述，泽井说中将侵害排除的基准分为绝对性侵害排除基准和相对性侵害排除基准。在侵害生命、身体（健康）的情况下采取绝对性基准，而未达到侵害生命、身体的情况下采取相对性基准，具体如下。[①]

第一，泽井教授对市民法理论中的利益衡量论进行了反省。即，在公害环境污染的情形下，市民之间的交换性是随着当事人"市民→小企业→大企业→企业联合"而逐步降低的。市民法上的相邻关系的场合下，只要衡量调整各自间的利益便可。但是在鲜有交换性的环境污染的问题上，仅仅依靠利益衡量难以得到妥当的结论。另外，交换性的丧失特别表现在：经济利益和加害人损失的过高评价，受害评价的扩散，缺乏对公害事业的受害状况的认识，单方面评价污染活动的社会有用性，诉讼解决纠纷的困难性等。

第二，泽井教授认为应该根据受害利益的种类以及程度决定保护基准。也就是说，在财产损害的情况下，根据物权请求权认可侵害排除，在理论上并没有问题。但是，如果以加害人和受害人的利用权的冲突为理由而扩大利益衡量的适用，或者侵害排除的要件中加上"用金钱难以弥补"的话，这是不恰当的。首先，同样是发生了财产性损害，也必须区分经济损害和生命健康的损失，在生命健康的情况下原则上无须利益衡量而认可侵害排除。其次，人格性损害还可以进一步分为身体性损害和精神性、社会性损害。在身体性损害的情形下，由于健康的概念相当宽泛，绝对性侵害排除基准仅限于疾病的场合才能适用。此外，关于其他判断基准，在大气污染以及水质污染的场合下，由于环境基准与疾病临界点值相同，此时其可以视作绝对性侵害排除基准。在噪声、恶臭等场合，绝对性侵害排除

---

① 参见沢井裕『公害差止の法理』（日本評論社，1976 年）91 頁以下。

基准是不容易判定的，因此作为行政目标的环境基准可以视为社会感觉，将其作为绝对性侵害排除基准，在超过规制基准之时，受害人无须证明产生的具体损害，而且也不允许以公共性或者采取防止措施的难度进行抗辩。与此相对，在精神性、社会性受害的场合下，承认利益衡量是必要的。

第三，关于泽井说中的具体判断要素，首先是将来受害发生的可能性。正如本书前文所述，泽井说是站在侵害排除和恢复原状区分论的基础上，认为侵害排除是以"某种程度的盖然性以及具体性"为基准，命令加害人履行损害回避义务。其次是关于受害的评价。在生命健康受害，尤其是疾病的情形下，应该认可侵害排除。再次，仅仅靠定性评价是不够的，应该参考环境权的思想将公害的整体纳入到判断要素中来（总量评价）。此外，在判断侵害排除可否之时，虽然地域性也是一个重要的要素，但是对此不可做过高评价。也不能因为居民的合意而随意改变城市规划。与此相关的是"先后入住关系"的因素，这只能在受害人的请求涉嫌权利滥用之时发挥作用。再次，关于公共性（社会有用性）的评价，泽井教授认为可以将公共性定位为违法性阻却（相抵）事由，但是在生命身体受到侵害之时，无须考虑公共性。此外，在请求采取防止措施（所谓的作为请求权）之时，原则上是不需要考虑公共性的。最后，是否采取防止措施虽然也是违法性阻却（相抵）事由之一，但是在受害重大的场合下是不能让其发挥机能的。当然，其他场合下可以发挥其机能。

以上便是泽井说的侵害排除要件论。简言之，基于上节中的根据论，在身体健康等绝对权受到侵害的情形下，不考虑利益衡量而直接认可侵害排除请求。与此相对在未达到权利的利益受到侵害之时，应该根据受害的种类以及程度，综合衡量将来受害发生的危险性、有无公共性、采取防护措施的难易程度等要素决定是否可以排除侵害。

（二）大塚说中的要件论

大塚教授认为侵害排除的要件如下。[①]

首先，只有在积极性侵害的场合下"权利侵害"才是必要要件，而无论是积极性侵害还是消极性侵害都要求加害行为"超过忍受限度"（在

---

① 参见大塚直「生活妨害の差止に関する基礎的考察——物権的妨害排除請求権と不法行為に基づく請求権との交錯」(8) 法学協会雑誌 107 巻 4 号（1990 年）542 頁以下。

积极性侵害的时候表现为"违法性"，在消极性侵害之时表现为"过失"和"侵害利益"）。此外，认可侵害排除的必要条件之一是今后人的身体或者精神受到某种侵害存在高度的盖然性。大塚说中虽然也考虑了原告以外广泛的受害，但是说到底这是次要要素，如果原告本身不存在受害发生的盖然性的话，是无论如何难以认可侵害排除请求的。

其次，关于因果关系的证明，如果"健康受害"与公害环境污染之间存在因果关系的话，就可以直接命令排除侵害。此外，加害人对于损害的发生如果存在恶意的话，那么即便健康受害难以认定因果关系也可以直接认可侵害排除请求。

最后，问题是公害环境污染与健康受害之间不能判断是否存在因果关系且不存在恶意的情况下又该如何看待呢？大塚说认为，①在这种情况下最重要的因素是现在持续中或者今后发生的盖然性，看是否需要侵害排除，即是否存在实质的受害。②如果存在①中所言的实质的受害的话，在积极性侵害之时，必须考虑地域性，而且其判断基准也无须要求完全与城市规划法等一致。另外，在消极性侵害的场合下，地域性的考虑是比积极性侵害场合还要重要的因素。③在积极性侵害的场合下，加害人是否为了防止受害的发生尽到了下述程序性义务：是否采取了期待可能的措施，是否进行了环境影响评价，是否对当地居民进行了说明等，以及看受害人是否存在直接违反公害防治的相关法律的行为等。另外，在消极性侵害的场合下，必须考虑先后居住关系，而且采取防护措施经济可能性也是一个重要因素，当然在程度上与积极性侵害相比是有所下降的。④通过比较认可侵害排除情况下受害人所牺牲的利益的程度、社会经济有用性的损失，以及不认可侵害排除情况下包含原告在内的受害人的损失，如果前者较大则可以认可侵害排除请求，反过来则应该否定请求。其中，加害人因为侵害排除而牺牲的利益基本上只要考虑经济利益便足够了。

总而言之，大塚教授关于侵害排除要件论的特点是将环境侵害分为积极性侵害和消极性侵害，前者尽可能限制利益衡量而直接认可侵害排除请求，与此相对后者需要考虑主观要素、期待可能的措施等独自的要素（或者说更为重视的要素）。虽然与前述泽井说相比多少存在些差异，但是由于两说都是二元说，在多数的判断要素上也就多有重叠了。首先，两说的前提都是根据被侵害利益的种类决定不同的侵害排除的要件。也就是说，两说都区分生命健康侵害的情形和其他利益侵害的情形，并以此确定不同的侵害排除基准。此外，两说都认为，在生命健康受到侵害的场合，原则上应该排除利益衡量而直接认可侵害排除请求，而且这种绝对性判断基准应该限于疾病的场合。其次，两说都认为在生命健康等绝对权侵害以外的场合下，需要考虑下述要素。第一，需要考虑将来发生实质性侵害的可能性。两说都认为侵害排除请求权的发生是以实质性侵害发生的可能性为前提的。当然，与损害赔偿不同，只要存在便可以适用侵害排除请求权，这是因为等到损害发生为时已晚。因此，这里只要求存在发生可能性即可。第二，关于受害评价的问题，两说都承认地域性对于侵害排除的成立有着重要的影响。还有就是关于先后居住关系，两说都认为应该严格限制这个要素的适用。即，泽井说认为只有在受害人的请求可能被评价为权利滥用之时才可以考虑这个因素，而大塚说认为先后居住因素只能在消极性侵害的场合下才能被考虑。最后，两说都认为公共性或者社会有用性的考量是难以避免的。只是，泽井说中公共性（社会有用性）定位为违法性阻却（相抵）事由，而大塚说认为，该要素只是在认可侵害排除致使加害人牺牲的利益与不认可侵害排除致使受害人受到侵害的利益相比较之时而考虑的一个要素而已，将其定位为社会经济损失。此外，两说在是否采取防治措施，是否尽到民主的程序（环境影响评价以及对住民的说明等）也是共通的。

（三）他说中的要件论

正如上文所言，其他代表性学说（淡路说、吉田说和根本说）是围绕侵害排除的理论根据展开的学说，而对于侵害排除的具体要件涉及不多，概括如下。[①]

首先是淡路说。淡路教授提出了下述侵害排除的判断基准和判断要素。[②] 第一个要件也是受害发生的可能性。关于这个问题，淡路教授认为"个人受害或者有受害发生的可能性是认可侵害排除请求权的必然的前提"，而受害的广域性也是考虑侵害排除请求的一个重要因素。另外，淡路教授认为仅仅存在受害发生的可能性是不够的，需要采用忍受限度论进行利益衡量，包括以下几点。第一，首先需要探讨的问题是违法性阶段说的问题。第二，作为一般论，公共性是一个不可忽视的因素，但是也不可

---

① 由于根本说只围绕侵害排除的法理根据并没有涉及侵害排除的要件，在这里省略不谈。
② 以下参见淡路刚久『公害賠償の理論（増補版）』（有斐閣，1978 年）230 頁以下。

过多考虑公共性概念，特别是在生命健康受到侵害之时，不能以公共性进行抗辩。第三，需要考虑加害人回避可能性的问题。第四，需要考虑加害人是否有事前与住民进行协商的努力以及是否公开其计划等民主性程序的问题。第五，关于公害防止协定，即使加害人与受害人缔结了公害防止协定，在公害侵害排除诉讼中，这也不过是判断受害发生可能性的一个要素而已。第六，对于先后居住关系，在生命健康等重大受害的情况下是无须考虑的，但是在轻度的精神性受害的情况下是不得不考虑的。第七，地域性也是一个需考虑的因素，但是有必要结合受害的程度进行相关考量。

其次来看吉田说。吉田说虽然对于侵害排除的判断基准没有详细论述，但是作为侵害排除的一般要件，需要先判断违反法律秩序以及侵害排除的必要性（被侵害利益的要保护性）和正当性（侵害行为与违法性的关系）。在此基础上，在绝对权侵害的场合，"当然可以视为违反法律秩序，且自动满足侵害排除的必要性和正当性。因此，绝对权侵害原则上产生侵害排除请求权。只有在例外的权利滥用之时才可以排除侵害排除的适用"。与此相对，对于未到绝对权的利益，如果满足上述侵害排除的一般要件的话，也可以认可侵害排除请求。也就是说，在这种情况下，从被侵害利益和侵害行为两个视角出发考虑侵害排除请求权的适用。[1] 综上所述，吉田说的基本观点是，在核心秩序的领域，在权利受到侵害之时认可侵害排除，而在其他情况（违反外围秩序），则利用以地域规则为代表的秩序论来涵盖。但是，地域规则以外存在何种秩序，这种秩序的内容为何，对于这些问题吉田说并没有详细论述。

第五节　小结

上面总结了日本侵害排除论的概要以及理论的到达点。如果一句话来概括的话，在侵害权利的场合下，尽量不问利益衡量而认可侵害排除请求，在未到权利的利益受到侵害的场合下，需要在考虑侵害行为等诸多因素的基础上判断是否认可侵害排除请求（即所谓的二元说）。可以说，这是日本侵害排除论的到达点，也是今后理论的出发点。

---

① 参见吉田克己「民法学と公私の再構成」早大比較法研究所編『比較と歴史の中の日本法』（成文堂，2008 年）431 頁。

代表性的二元说有泽井说和大塚说。这两个学说虽然多少存在一些差异，但是就环境侵害排除的根据论，笔者认为基本上是具有相同构造的学说。也就是说，两说都认为，对因公害环境破坏而受到侵害的生命、身体等核心权利采取权利说（人格权、物权等），无须利益衡量便可认可侵害排除。相反，对未到权利的利益受到侵害的情形，则采取利益说（违法侵害说或者侵权行为说），在一定判断基准的基础上综合考虑诸多因素（利益衡量），以判断侵害排除之可否。这种二元说的形成并成为最有力的学说的原因有许多，但是总的说来在公害环境分野以下两方面的需求是本说存在的最大理由。即，一方面学者对于需要警戒权利意义的稀释并维持权利论的传统存在共识，另一方面环境侵害的多样性和复杂性也是难以忽视的，这就需要在必要的场合承认利益衡量并采用利益说。

同时，关于环境侵害排除还存在淡路说、吉田说、根本说等全新的一元说。但是，笔者认为这些学说在侵害排除的要件或者判断基准方面，也同样存在二元要素，理由如下。

首先，淡路说虽然主张以忍受限度一元标准作为侵害排除的标准，但是实际上其学说内容与二元说的区别并没有想象中那么大。这是因为一方面淡路说也认为在生命、健康等身体性人格权受到侵害的情况下，不应该考虑侵害行为的样态以及受害的程度等因素而认可侵害排除。另一方面，基于其他精神性人格权或者环境权而请求侵害排除的情况下，必须考虑忍受限度的各种要素以判断侵害排除请求之可否，这方面与所谓的利益说是一致的。

其次来看吉田说。吉田说将一元化的"秩序"视作侵害排除的根据。但是"秩序"本身也可以分为核心秩序和外围秩序，这与侵害排除的判断框架二分化也是一致的。也就是说，在人格权侵害等侵害核心秩序之时，原则上便是"违反秩序"，而侵害权利的外围部分之时，便需要结合侵害行为的样态综合判断，以"违反秩序"为由请求侵害排除。[①] 因此，吉田说虽说是以一元性的"秩序"作为环境侵害排除的根据，但是在具体判断框架上，还是包含了二元要素（核心秩序和外围秩序的双重构造）。

---

① 参见吉田克己「景観利益の法的保護——《民法と公共性》をめぐって」慶応法学 3 号（2005 年）93 頁。

最后，根本说认为侵害排除请求权的理论发生根据在于保护法益外部存在的，且与侵权行为相区别的独立制度。[①] 但是笔者认为，即使在根本说中也不得不包含二元要素。这是因为新违法侵害说也需要一边考虑到"权利"意义稀释的危险性，一边根据保护法益的类型对侵害排除请求权进行类型化。[②] 可见，根本说也是一方面强调维持"权利"的意义（违法性表征功能），或者说强调了"权利"和其他利益在违法性判断方面的区别，坚持"权利"受到侵害原则上即可认可侵害排除请求权以保护该权利。另一方面，在判断违法性之际，需要衡量诸多因素的相关利益，侵害排除请求权成否则是由受害法益的性质、侵害行为的样态等诸多因素衡量而决定的。也就是说，根本说虽然批判了二元说，结果在侵权行为的判断上二元化因素（权利侵害的情形和利益衡量的情形）却不得不内含其中（权利和利益双重构造）。

综上所言，在明确主张二元说的泽井说和大塚说之外还存在新一元说（淡路说、吉田说和根本说），这些学说在实质的判断基准上有意识无意识地涵盖了二元因素而展开各自所论，结果与二元说是相当接近的。如果照此理解的话，二元说是日本环境侵害排除根据论到达点，也是下文将要讨论的要件论的出发点。这种理解如果没有错误的话，环境侵害论最大的课题在于以二元说为基础，探寻侵害排除的具体要件乃至判断基准。

---

① 参见根本尚德『差止請求権の法理』（有斐閣，2011 年）111 頁以下。
② 同上书，106 頁。

第 三 章
日本环境侵害排除判例的动向

第一节　导论

上一章探讨了日本有关环境侵害排除的学说。通过理论整理，得出的结论是在侵害排除的根据上，二元说是目前最有力的学说。二元说认为侵害排除的根据应该进行二元化的理解，并各自确定侵害排除的要件以及判断基准。但是，在学说探讨上，对于侵害排除成立的具体基准还没有十分明确。正如序章所言，中国侵害排除论最重要的课题之一是确定侵害排除具体的要件以及判断基准。从中国环境侵害排除诉讼的实况来看，尽可能具体明确地确定诉讼中的要件是一个重要的课题。从这种问题意识出发，本节主要分析日本判例中的侵害排除的相关判断。也就是说本节主要探讨日本有关环境侵害排除的判例中，基于何种根据、以何种要件以及基准以及考虑哪些要素以判断是否认可侵害排除请求。笔者认为，从中国侵害排除论课题出发，日本判例的实证研究是不可或缺的。同时，这也能推进日本侵害排除论的发展。

本章便是从这种问题意识出发，研究日本有关环境侵害排除的判例。值得一提的是，本书以前日本已经存在若干优秀的先行研究，[①] 但是这些研究仅仅是昭和 60 年代（1985 年以后）之前的判例，并不包括其后的新判例的动向，也不包含全新类型的环境诉讼（如景观保护诉讼以及核设施诉讼）。此外，过去的研究往往是先将判例分类然后分析全体判例的特征，而对各种类别的分类分析并不充分。

---

① 代表性的有沢井裕『公害の私法的研究』（一粒社，1975 年）359 頁以下；沢井裕『公害差止の法理』（日本評論社，1976 年）207 頁以下；大塚直「生活妨害の差止に関する裁判例の分析（1—4）」判例タイムズ645 号（1987 年）18 頁以下、646 号（1987 年）28 頁以下、647 号（1987 年）14 頁以下、650 号（1988 年）29 頁以下等。

　　下面本节主要分析昭和 60 年代以后的有关环境侵害排除的民事判例。
之所以选昭和 60 年（1985 年）为分界线，除了既有的研究多是到此时期
这一理由之外，还包括以下几点。首先，从日本环境政策和环境法的历史
区分上来看，1985 年是一个明显的区分期。该时期以前日本环境法经历
了一段时间的停滞甚至是退后，1985 年以后日本制定了环境基本法，出
现了全新的动向。[①] 受到这种影响，环境侵害排除诉讼也发生了微妙的变
化。在此之前的一段时期被日本学者称为 "侵害排除的严冬时代"，寻求
侵害排除保护的居民处于严重的状态下，而之后情况发生了转变。因此，
分析全新时期的判例是非常有必要的。其次，1985 年以后与之前的状况
相比，公害环境纠纷本身在法学理论上也产生了全新的动向。比如说，从
纠纷类型上看，昭和 60 年（1985 年）之前，大气污染、水质污染、噪声
污染等传统的污染类型占绝大多数，日照、眺望等侵害也较多，而此后核
电站、景观纠纷等新问题不断出现，随之也出现了针对这些问题的全新判
例。最后，昭和 60 年（1985 年）之前，法院无论采取何种法理根据最后
都是采用忍受限度论进行判断，但是 1985 年以后出现了限制忍受限度论
的新动向。

　　最后介绍一下判例的分析顺序。首先，尽可能网罗昭和 60 年（1985
年）之后至目前为止（2012 年）关于环境侵害排除的判例，将这些判例
分为①大气污染、②水质污染、③噪声污染、④日照通风妨碍、⑤眺望景
观妨碍、⑥忌讳设施侵害六类，总结各自类型的特点。具体来说，整理各
种类型的判例中侵害排除的根据的特点，在此基础上总结出各种类型的环
境侵害排除诉讼中的判断基准，以及法院特别重视何种要素。最后，超越
诉讼类型，总结全体判例中关于环境侵害排除的根据以及要件的特征。

第二节　判例分析

一　大气污染

（一）整体特征

进入昭和 60 年代以后，丰前火力发电站案（最判 1985.12.20 判时

---

① 参见吉村良一『公害・環境私法の展開と今日的課題』（法律文化社，2002 年）21 頁以下。

1181. 77①）、千叶川铁案（千叶地判 1988. 11. 17 判 T689. 40②）、西淀川第一次诉讼（大阪地判 1991. 3. 29 判时 1383. 22）、川崎大气污染公害第一次诉讼（横滨地川崎支判 1994. 1. 25 判时 1481. 19）、仓敷大气污染公害诉讼（冈山地判 1994. 2. 23 判时 1494. 6）、西淀川第 2—4 次诉讼（大阪地判 1995. 7. 5 判时 1538. 17）、川崎大气污染第 2—4 次诉讼（横滨地川崎支判 1998. 8. 5 判时 1658. 3）、尼崎大气污染公害诉讼（神户地判 2000. 1. 31 判时 1726. 20）、名古屋南部大气污染诉讼（名古屋地判 2000. 11. 27 判时 1746. 3）、东京大气污染公害诉讼（东京地判 2002. 10. 19 判时 1885. 23）等案件相继登场。在这些大气污染诉讼中，侵害排除成为一个巨大的争点。

分析上述判例可以发现，对于大气污染请求排除侵害的案件，法院的态度经历了两个阶段的变化。首先，在第一阶段，即在国道 43 号线诉讼③上诉

---

① 关于日本判例的表示形式，这里做个简单说明。一般日本引用判例的形式是：法院（也意味着审级）＋文书形式（判决、决定等）＋日期＋出处＋期刊号，比如最判 1985. 12. 20 判时 1181. 77 意味着最高法院 1985 年 12 月 20 日判决，出自判例时报（简称判时）1181 号第 77 页。关于日本判例引用方法的介绍，参见林青《日本法律文献的阅读方法》，渠涛主编《中日民商法研究（第 12 卷）》，第 499 页。

② 这里的判 T 就为判例 Times 杂志（日语判例タイムズ）简称，下同。

③ 国道 43 号线公害诉讼概要：国道 43 号线于 1963 年开始投入使用，是连接大阪市和神户市的经济大动脉。其后，该道路之上设置了长达 20 公里的高架桥，并成为阪神高速公路集团的机动车专用车道，并于 1979 年之后全面通车。原告为本案道路沿线 50 米之内的居民，以机动车通行造成的噪声以及大气污染等造成身体、精神损害为理由，对本案道路的设置管理者国家以及阪神高速道路集团提出以下请求：第一，基于人格权以及环境权，请求排除超过一定量的噪声以及二氧化氮侵入到居民居住地。第二，基于《国家赔偿法》第一条第一款以及第二条第一款，请求赔偿过去以及将来的损害。关于国道 43 号线公害诉讼详情，参见日本律师协会主编，皇甫景山译《日本环境诉讼典型案例与评析》，中国政法大学出版社 2011 年版，第 123 页以下。

对于侵害排除部分，各级法院判断如下。一审法院认为本案侵害排除请求权是一种抽象的不作为请求，其作为的内容有待进一步特定，因此以诉讼不合法为由驳回诉讼请求（神户地判 1986. 7. 17 判时 1203. 1）。上诉审法院也以以下理由驳回了请求：第一，本案侵害排除请求缺乏具体性，诉讼不合法；第二，原告的损害仅仅是一种生活妨害，而本案道路具有高度公共性，是难以替代的。综上两点，本案原告的受害没有超越忍受限度（大阪高判 1992. 2. 20 判时 1415. 3）。最高法院也同意上诉审的相关判断，维持了原判（最判 1995. 7. 7 民集 49. 7. 1870）。

关于本案的批判分析，可参见：田中豊・ジュリスト 1081 号（1995 年）70；秋山義昭・ジュリスト 1081 号（1995 年）102 页；浅野直人・判例タイムズ 892 号（1996 年）97 页；荏原明則・法律时报 67 卷 11 号（1995 年）18 页；神户秀彦・法律时报 67 卷 11 号（1995 年）12 页；大塚直・判例タイムズ 918 号（1996 年）62 页；國井和郎・私法判例リマークス 1996（下）74 页；櫻井敬子・平成七年度重要判例解说（1996 年）38 页；潮海一雄・判例评论 451 号（1996 年）34 页等。

审（大阪高判 1992.2.20 判时 1415.3）以及西淀川第 2—4 次诉讼①之前，对于原告的侵害排除的请求，无论是对企业还是对道路管理者，侵害排除请求本身是不合法的，因此驳回了原告的请求。其次，第二阶段是国道43 号线诉讼上诉审以及西淀川第 2—4 次诉讼之后，法院逐渐认可了侵害排除的合法性，开始进入侵害排除是否成立的实质审理阶段。

在第一阶段，法院不认可侵害排除请求的合法性的理由如下。即，"诉讼请求是审判的对象，对于被告而言是最终防御的对象。为了明确判决既判力的客观范围，下达判决之后诉讼请求可以得到强制执行。因此，诉讼请求必须是内容明确且是特定的"。② 这种所谓的"抽象不作为请求"不合法论在国道 43 号线诉讼第一审判决（神户地判 1986.7.17 判时 1203.1）首次被采用，接下来被其他各大大气污染诉讼中广泛采用。但是，到了第二阶段，以国道 43 号线上诉审以及西淀川第 2—4 次诉讼为契机，法院的态度发生了转变。即，到了第二阶段，抽象不作为请求已经不是侵害排除请求的障碍了。理由如下。第一，"对于生命、身体受到侵害或者有侵害之虞的人请求排除侵害的，只要是存在侵害权利原因（超过一定量的污染）本身便可请求侵害排除。至于债务人一方采取何种手段排除原因的，无须具体主张"。③ 也就是说，法院认为抽象不作为请求并不能成为适用侵害排除的障碍。第二，由于污染者具备科学的专业的知识和信息，也就相对容易

---

① 西淀川第 2—4 次诉讼概要：现在以及曾经居住在大阪市西淀川区的居民中，罹患支气管哮喘等呼吸道疾病的患者以及认定为《公害健康受害补偿法》的患者及其继承人 X（原告），向设置该区域道路的管理者国家 Y1（被告）、管理高速公路的阪神高速公路集团 Y2（被告）以及该区域以及附近区域的工厂的十个企业 Y3（被告），就其遭受的健康损害请求损害赔偿以及停止排放大气污染物质。此外，在本案之外，西淀川第 1 次诉讼中法院仅仅认可了损害赔偿责任。对于侵害排除请求，大阪地方法院认可了原告当事者资格适格，但是法院认为从本案大气污染的状况程度来看，本案道路具有重大公共性，没有必要采取侵害排除的手段。由此，驳回了原告的诉讼请求。关于大阪西淀川公害诉讼，参见日本律师协会主编，皇甫景山译《日本环境诉讼典型案例与评析》，中国政法大学出版社 2011 年版，第 39 页以下。

关于本案的批判分析，可参见：高见进・判例タイムズ1062 号（2001 年）158 页以下；潮海一雄・判例評論 451 号（1996 年）34 页以下；新美育文・環境法判例百選（2004 年）38 页以下；松村弓彦・ジュリスト1081 号（1995 年）32 页以下；野村好弘・ジュリスト1081 号（1995年）39 页以下；春日偉知郎・判例タイムズ889 号（1995 年）11 页以下；大塚直・判例タイムズ889 号（1995 年）3 页以下；吉村良一・法律時報 67 卷 11 号（1995 年）6 页以下；德本伸一・民法判例百選Ⅱ（第五版，2001 年）178 页以下等。

② 参见西淀川第 1 次诉讼、千叶川铁案。

③ 参见西淀川第 2—4 次诉讼判决。

判断以何种方式达成目标，在地位上被受害人更有利。① 第三，大气污染物
质数值的测定以及污染源的认定并非不可能，尤其是对于被告以及执行法
院来说掌握这些情况是可能的。② 因此，强制执行是可行的。

　　经历了上述变化，有关大气污染民事判例的整体趋势是，法院承认了
侵害排除请求的合法性。这点基本上在日本的实务界已成定局，今后恐怕
也不会改变。但是，承认侵害排除的合法性不当然意味着认可侵害排除请
求，西淀川第 2—4 次诉讼、川崎大气污染第 2—4 次诉讼判决便是例子。
从整体上来看，在大气污染诉讼中认可侵害排除请求还是非常困难的。也
就是说，法院虽然可能认可损害赔偿，但是不认可侵害排除的倾向还是非
常明显的。③

　　（二）侵害排除的根据

　　关于大气污染诉讼中侵害排除的法理根据，除去因抽象请求不合法论
而驳回请求的判例，法院基本上是以人格权为根据的。也就是说，在大气
污染侵害排除诉讼中，法院的基本判断是，"人的生命、健康等人格性利
益（人格权）受到保障。从这种权利的性质来看，如果可以预测将来也
可能存在侵害上述权利的情况的话，应该命令加害人停止侵害行为，以保
护受害人的权利"。④ 法院认为，人格权乃至人格性利益是一种排他性权
利，作为这种排他性权利的反射力，侵害排除请求权应该得到认可。这种
理解与学说中的人格权说是一致的。

　　另外，在许多大气污染诉讼中原告都主张以环境权为根据请求侵害排
除。但是，没有一个判例采纳了这种主张。法院的理由是，环境权缺乏实
体法上的根据，其要件以及效果等均不明确。⑤

────────────────

　　① 参见西淀川第 2—4 次诉讼、川崎大气污染第 2—4 次诉讼判决。

　　② 参见川崎大气污染第 2—4 次诉讼、尼崎大气污染公害诉讼、名古屋南部大气污染诉讼
等判决。

　　③ 参见田口守文「公害・環境汚染に対する民事差止訴訟の動向と問題点」矢澤昇治編
『環境法の諸相』（専修大学出版局，2003 年）39 頁。例外认可侵害排除请求的判例有两个，即
尼崎大气污染公害诉讼判决和名古屋南部大气污染诉讼判决。

　　④ 如名古屋南部大气污染诉讼判决。

　　⑤ 比如说，在东京大气污染诉讼中，东京地方法院认为"将环境权视作侵害排除请求的根
据，这在实体法上没有根据，而且其成立要件以及内容等也是不明确的。因此，不能承认其作为
私法上的侵害排除请求权等的一种权利，也就不能以此为根据在本案中请求侵害排除了"（东京
地判 2002. 10. 29 判时 1885. 23）。

（三）侵害排除的要件以及判断基准·判断要素

在大气污染侵害排除诉讼中，判断是否认可侵害排除之时需要考虑众多因素，不得不承认综合考虑各种要素的忍受限度论的影响是巨大的。这在西淀川案等大规模大气污染以外的情况下也概莫能外。比如，以某单独工厂的污染为对象的大阪地判 2008.9.18 判时 2030.41 中，法院认为是否支持侵害排除请求需要综合考虑侵害的程度、公共性、环境保护对策、行政上诸程序等诸般因素。

但是西淀川第2—4次诉讼以后，在判断侵害排除是否成立之时，法院明显开始倾向于重视被侵害利益了。本来，在环境诉讼中的受害评价就应该重视质和量两个方面而进行总量评价。[①] 大气污染侵害排除诉讼中的质的方面，重视的是身体权的侵害或者引发或者加重疾病方面的考量。比如说，西淀川第2—4次诉讼虽然驳回了侵害排除请求，但是判决认为"在暴露在大气污染物质的场合下，根据其浓度大小，可以认定其引发或者加重了疾病，甚至存在夺去人的生命的危险。人的生命、健康等人格性利益（人格权）作为排他性权利应该得到保障。如果存在侵害这种权利的情况的话，根据其受到侵害的样态、程度等因素，有可能存在不认可侵害排除就难以救济权利的情况"。对于这点，尼崎大气污染公害诉讼判决[②]则更为明确直白地提出了身体权的重要性。即，该判决认为"身体权是自然人自出生起便享有的最基本的权利，可以向任何他人主张不可侵犯。从这个意义上来说，其与物权一样，是一种所谓的绝对权。因此，不妨碍他人享受身体权的不作为义务是所有社会成员都需要承担的义务。违反这种义务的行为不仅需要承担民事侵权行为责任，甚至有可能存在刑事上的可罚性违法性"。

---

① 参见沢井裕『公害差止の法理』（日本評論社·1976 年）129 頁。

② 尼崎大气污染公害诉讼概要：1988 年 12 月，尼崎市的公害病认定患者及其遗族共计 483 人，以国家、阪神高速公路集团以及电力钢铁等九大公司为被告，提出侵害排除以及 18 亿日元的损害赔偿请求。对于其中的侵害排除请求，法院历史性地认可了原告的诉讼请求，理由如下：一方面，原告提出的漂浮粒子超过环境基准侵害了身体权，但是环境基准不过是公共卫生行政上期望达到的目标。另一方面，从著名的千叶大调查得到的数值来看，本案中漂浮粒子确实达到了污染的程度，现实上具有侵害健康的高度盖然性。在千叶大调查中，一日平均值大概超过 0.15 微克/立方米就视为超过基准，但是对于不超过这个数值的情况，本院不认可侵害排除请求。

　　首先，判例中重视身体权的结果是，如果认定大气污染侵害了身体权的话，即使存在其他因素，也不得不评价该行为具有较强的违法性，基于人格权而认可侵害排除请求。关于这点，尼崎大气污染公害诉讼判决中谈道"超过国道 43 号线以及大阪西宫线的限度使用道路给沿线居住的原告造成的侵害不仅仅是单纯的生活妨碍，对人的呼吸器官疾病也有着重大且现实的影响。而且超过国道 43 号线以及大阪西宫线的限度使用道路不仅对本案中沿线居住原告造成了影响，还对沿线居住的众多居民带来现实的引发新的支气管疾病的危险"。此外，判决认为，在受害认定之际，"必须将不特定多数人得到的便利与不特定多数沿线居民的不利益两者都考虑在内。那么，不得不说在沿线的广大范围内，继续使用超过限度道路的行为具有引发以及恶化疾病的非常强的违法性。此外，本案中并不存在为了公益上的必要性而不得不容忍大阪和神户间超过道路限度的使用状况"。由此，法院认可了原告的侵害排除请求。与此相似，在名古屋南部大气污染诉讼中，① 虽然只认可了其中一名原告的侵害排除请求，但是该判决认为，该原告患有精神疾病，因暴露在漂浮粒子状物质之下，本来就患有的支气管炎的症状恶化了，而支气管哮喘有时甚至可能导致死亡。因此，"该原告因为国道 43 号线的大气污染而受到侵害已经远远超过了单纯的诸如洗后衣物的污损等可以忍受的日常生活妨碍，而是对其生命、身体带来了危险性"。最终，法院以本案中因大气污染侵害了该原告的生命、身体的危险性为理由，支持了原告的侵害排除请求。

---

　　① 名古屋南部大气污染诉讼概要：从第二次世界大战之前开始，名古屋南部就是工厂集中地区，特别是 1965 年以后，大气污染日益严重，造成该地区哮喘等呼吸器官疾病多发。本案原告 X 等就是过去或者现在在该地域居住、工作的居民及其继承人。本案被告为该地域中（南北约 15 公里东西约 10 公里的范围）的 10 家公司（Y1）以及设置管理本地区国道的国家（Y2）。X 提出，Y1 等排除的污染物质造成其健康损害，请求停止排放大气污染物质，并根据共同侵权请求损害赔偿。对于原告提出的侵害排除请求，判决支持了其中一个原告的诉讼请求，即"被告国家必须就国道 23 号线上的机动车排放漂浮粒子颗粒物，向 106 号原告保证日平均值不超过 0.159mg/m³"。虽然只认可了一位原告的侵害排除请求，但是毕竟在重大交通设施案件中，法院开始支持侵害排除请求了。

　　关于本案的批判分析，参见：加藤雅信·環境法判例百選（2004 年）40 頁以下；竹内平·法律時報73 卷 3 号（2001 年）62 頁以下；金炳学·早稻田法学 78 卷 2 号（2003 年）429 頁以下等。

其次，关于大气污染中环境基准的问题，在许多诉讼中都成了重要争点之一。在有关大气污染的判例中，大部分原告都主张以环境基准值作为侵害排除的基准值。然而法院并不认同这种主张。也就是说，在这些判例中虽然认同暴露在一定数值下的污染大气中影响健康的盖然性将有所提高，但是并没有将环境基准等同于侵害排除基准。① 理由如下：第一，环境基准被设定为某种安全程度，超过其数值并不见得直接给健康带来恶劣的影响。因此，将环境基准等同于侵害排除基准有不合理之处。② 第二，"环境基准是为了维持较好的公众卫生行政目标而设定的环境上的原则性条件……并不意味着只要没达到其所设数值的状态得以持续便会在现实中发生损害健康的情况"。③ 可见，法院并不将环境基准视作侵害排除的基准看待。另外，必须承认的是，环境基准毕竟与健康受害相关联，也是判断是否支持侵害排除请求的要素之一。

最后，在公共道路等公共设施引起大气污染的案件中，公共性便是一个极其重要的要素了。上述关于大气污染的所有判例中都明确指出了公共性的重要性。比如说，名古屋南部大气污染诉讼中法院指出"四通八达的道路交通对于我国社会具有特别重要的意义……可以说给社会提供了巨大的便利。本案中国道 43 号线的全线开通使得本案地区交通四通八达，本身就具有重大的价值。因此必须说，比起判断损害赔偿请求是否成立的情况，对本原告的侵害行为所具有的公共性或者公益上的必要性在判断侵害排除请求是否成立之时具有更加突出的位置"。西淀川第 2—4 次诉讼和川崎大气污染第 2—4 次诉讼都指出"道路大气污染排出的危险性并不是近在眼前，本院并不认为本案中具备牺牲本案道路具有的公共性以排除大气污染物质排出的紧迫性"。但是，不是所有的法院都对公共性给予了过多的重视。比如，在名古屋南部大气污染诉讼中，由于认定了对生命、身体的侵害的危险性，虽然也认为道路具有公共性，但是还是认可了侵害

---

① 参见淡路剛久「大気汚染公害訴訟と差止論」法律時報 73 卷 3 号（2001 年）12 頁。

② 参见西淀川第 2—4 次诉讼、东京大气污染公害诉讼、川崎大气污染第 2—4 次诉讼等判决。

③ 参见尼崎大气污染公害诉讼判决。相同意见见名古屋南部大气污染诉讼判决。

排除请求。与此相似，在尼崎大气污染公害诉讼判决中，法院认为"因大气污染对身体权的侵害是重大的，即便禁止污染行为可能给公共带来不利益，但是不得不说污染行为具有高度的违法性"。以此为理由，法院支持了原告提出的排除侵害的请求。从以上分析可知，在有关大气污染的侵害排除诉讼中的公共性主要在健康受害的认定存在困难或者污染物的危险性还不是迫在眉睫之时发挥作用，也就意味着其不过是判断是否超过忍受限度的一个要素而已，不必做过多过大解读。

除了上述几个主要的要素之外，判例中还出现了被告是否回避受害发生进行了努力。比如说在名古屋南部大气污染诉讼中，被告"没有采取特别的对策以防止受害的发生，此后至少到本案口头辩论终结之时，既没有实施上述对策，也没有任何调查的预定方案"。在众多要素中，特别重视回避受害不够成分这一因素。但是在有些身体权侵害的案件中，这个要素只是作为违法性的补强要素才被提及。[1]

二 水质污染（以废弃物处理场为中心[2]）

（一）整体特征

进入昭和60年代，日本社会开始成为"大量生产·大量消费·大量废弃"的社会。随之，废弃物的排出总量仅次于高度经济成长期昭和40年代。废弃物总量再度开始增加，并且速度也在加快。[3] 废弃物排出量的增加必然带来废弃物处理场数量的增加，而废弃物处理场又与水质污染等环境污染问题联系在了一起。因此，围绕废弃物处理场的设置、建设以及作业的纠纷不断涌现，并且相当数量的纠纷被诉诸法院。[4] 从诉讼样态来看，在关于废弃物处理场的侵害排除诉讼中，保全处分占到了相当高的比

---

① 参见淡路剛久「大気汚染公害訴訟と差止論」法律時報73巻3号（2001年）14頁。

② 本书之所以以废弃物处理场诉讼为中心，是因为在日本，一方面，工厂等导致严重污染河流、湖泊、饮用水源等情况几乎已经绝迹，河流等基本清澈见底，不会影响人的健康，诉讼中几乎见不到因此而提起的诉讼。而另一方面，大量垃圾处理场等废弃物处理场则可能影响到水质，而现实诉讼中大部分水质污染诉讼确实也是废弃物处理场诉讼。因此，本书以此为中心展开相关研究。

③ 参见神戸秀彦「産業廃棄物最終処分場の差止について」飯島紀昭ほか編『市民法学の課題と展望——清水誠先生古稀記念論集』（日本評論社，2004年）414頁。

④ 参见潮海一雄「処分場の建設、操業をめぐる民事裁判例の分析」ジュリスト1055号（1994年）39頁以下。

例。此外，支持保全处分的比例也相对较高。① 特别是进入平成年号（1989 年以后），在登载在判例集上的有关废弃物处理场的判例中，支持侵害排除的越来越多。特别是仙台丸森町决定（仙台地决 1992. 2. 28 判时 1429. 109）② 以后，这一倾向变得更为明显。

（二）侵害排除的根据

在有关水质污染的判例中，对于侵害排除请求，以人格权为根据仍然是比较主流的观点。即，人格权是人们"基于人格而在生存生活上的各种利益归属为内容的权利，这种权利维持生命、健康，过上舒适生活的权利。这种权利是作为实体法的民法所承认的具体的权利"。③ 明确表达了支持人格权说的观点。

除了人格权说，也有少数判例采用了物权请求权说以及人格权之上加上了物权请求权。④ 此外，没有一个判例认可了原告提出的以环境权作为侵害排除根据的诉讼请求。其理由与大气污染诉讼中的理由一样，环境权在实体法上缺乏根据，其内容和要件也过于抽象而缺乏明确性。由于这些理论难点的存在，法院难以认可环境权本身。⑤

在水质污染案件中关于侵害排除根据的最大贡献是判例对人格权进行了具体化。也就是说，在水质污染侵害排除案件中，关于法律根据并不都是采用一般性的人格权概念，而是衍生出了像净水享受权、平稳生活权等

---

① 参见牛山積编集代表『大系環境公害判例 6 廃棄物』（旬報社，2001 年）41 頁（神戸秀彦執筆）。

② 仙台丸森町决定概要：被告 Y 是废弃物处理业者，于宫城县伊具郡丸森町取得一片山林，打算设置产业废弃物处理场。对此，附近的 422 个居民 X（其中 X1、X2 生活上会利用井水、泉水以及地表水）以该处理场存在污染水质的现实危险性为理由，申请该处理场停止运作（临时处分）。X 居民以生活环境权、人格权、财产权或者侵权行为上的侵害排除请求权为被保全权利，请求排除侵害。法院决定概括如下：第一，认可人格权作为侵害排除请求的依据。第二，通过雨水污染物质可能渗入 X1 使用的生活用水，这可能侵害了作为人格权的"平稳生活权"，认可了 X1 的侵害排除请求的申请。第三，关于证明责任，采取了减轻居民证明责任的观点。

关于本决定的相关评论，参见：坂口洋一・環境法判例百選（2004 年）140 頁以下；淡路剛久・環境と公害 31 巻 2 号（2000 年）9 頁以下；潮海一雄・環境問題の行方（ジュリスト増刊，1999 年）186 頁以下等。

③ 参见熊本地判 1995. 1031 判时 1569. 101。

④ 比如大阪地判 1991. 6. 6 判时 1429. 85、静冈地决 1987. 8. 31 判时 1264. 102、高松地判 1986. 7. 29 诉月 33. 7. 1829 等。

⑤ 比如大津地判 1989. 3. 8 判时 1307. 24。

具体的人格权。

所谓的"净水享受权"是由大津地判 1989.3.8 判时 1307.24 中①的原告最先提出的，指的是确保水源干净的权利。但是，大津地方法院并没有采纳净水享受权，理由是净水享受权存在以下几个难点有待说明。即，"1. 水源即便是污浊的，通过净水处理也可以除去污浊从而得到清洁的适合饮用以及生活用水的合格水质。如果可以做到这点的话，不会影响人的健康。因此，以水源的干净作为权利内容缺乏必要性。2. 根据《河流法》第 2 条第 2 款，河流的流水（包含湖泊等其他静态水）并不是为私权服务的。作为河流水流的属性的干净度也不是私权的目的。3. 水源的干净属性关系到……多数的利害关系人……即便认可净水享受权的私权属性，调整这些利害关系的制度便是解决私权纠纷的民事诉讼。在民事诉讼中调查利害对立是不恰当的。因此，与其通过私权，不如通过立法以及行政等公法进行规制更为恰当"。此后，法院不再使用"净水享受权"这一用词，"作为人格权的一种形式，平稳生活权要求根据一般通常人的感觉，确保合适的饮用和生活用水"②，这实际上肯定了净水享受权的存在。③

---

① 即琵琶湖综合开发计划侵害排除诉讼，概要如下：琵琶湖是日本第一大淡水湖，湖水通过相关河流供给滋贺县、京都府、大阪府以及兵库县的 1300 多万居民。20 世纪 60 年代随着用水量的增长，日本制定了《琵琶湖综合开发特别措施法》。该综合开发所涉甚广，其中就包括本案焦点的被告 Y1 所实施的水道净化工程以及 Y2 所实施的疏浚、河道改造等工程。原告 X 是以琵琶湖水为饮用、生活用水的居民，以下述理由向 Y1、Y2 提出停止上述工程的诉讼请求，即这些工程可能恶化琵琶湖的水质，增加有害物质，并有可能致使 X 等健康受到侵害；水位下降 1.5—2 米将导致景观受到破坏，湖底遗迹等遭受破坏；渔业资源衰竭；湖周围道路通行的机动车造成大气污染，产生恶臭等。原告以净水享受权、人格权、环境权、侵权行为、缺乏环境评价等为依据，向 Y1、Y2 提出了侵害排除请求。同时，对国家 Y3、大阪府 Y4（被告）提出以下诉讼请求：停止向 Y1、Y2 交付建筑工程补助金。法院的判决如下：对于已经完成的工程，由于失去了侵害排除的目的，驳回对这些工程的侵害排除请求。关于侵害排除的根据，除了认可了人格权根据，否定了其他所有根据。对于人格权侵害，本案中水位下降与琵琶湖综合开发计划并不存在法律上的因果关系，水位下降造成的水质污染也不是本案的争点，各大工程也未见侵害 X 等的人格权。因此，没有必要判断本案工程的违法性、必要性便可以驳回侵害排除请求。

关于本案的评论，参见：淡路刚久·環境法判例百選（2004 年）70 頁以下；山村恒年·ジュリスト 942 号（1989 年）81 頁以下；折田泰宏、在间秀和、西口徹·公害研究 19 卷 1 号（1989 年）46 頁以下等。

② 参见仙台地决平 1992.2.28 判时 1429.109。

③ 参见宫崎淳「水資源の保護と差止請求（1）」創価法学 39 卷 2 号（2009 年）138—139 頁。

　　前述仙台丸森町决定也将人格权视作侵害排除的根据，在此基础上提出"饮用水的确保对于人的生存是必不可少的。如果用水损害健康的话，这也是有害于人的生命或者身体的。因此，作为人格权组成的身体权的一环，人享有从质和量两方面确保不损害生存和健康的水源的权利。此外，也需要确保与洗衣洗浴等其他情况下必要的生活用水相适应的水质，或者确保客观上与饮用以及生活用水相适应的水质。如果按照一般通常人的感觉难以提供恰当的饮用以及生活用水的话，人们不仅会有不快感等精神痛苦，也难以维系平稳的生活"。在这里，判决提到了两种人格权。一种是作为身体权一环的且与生命、健康有关联的人格权，还有一种是根据一般人通常的感觉的所谓的"平稳生活权"性质的人格权。①

　　判例中出现的人格权的具体化也可以称之为人格权的分层化。正如丸森町决定所言，作为侵害排除的根据的人格权可以分为身体性人格权和平稳生活性人格权。侵害前者的情况下，由于涉及生命、健康的侵害故而可以直接认可侵害排除请求，而侵害后者的情况下则需要借助忍受限度的判断，综合考虑是否认可。但是，关于平稳生活权的理论定位，有的学者表达了不同的意见。比如说，淡路刚久教授认为，这种平稳生活权"虽然不是身体性人格权，但是也是和身体性人格权难以割离的，是一直与身体性人格权直接连接的精神性人格权"。② 这种观点突出了平稳生活权与身体权相联系的一个侧面。③

　　（三）侵害排除的要件以及判断基准·判断要素

　　首先来看判例中关于水质污染的受害认定。在围绕废弃物处理场的纠纷案件中，法院对于受害的有无、样态以及程度的判断是决定是否支持侵害排除请求的关键。④ 也就是说，在判断是否认可侵害排除请求之际，法院首先需要确认有无利益受到侵害。比如说，静冈地决 1987.8.31 判时 1264.102 中，法院认为该案中废弃物处理厂"如果按照计划实施的话，难以认定私

---

　　① 相同意见可见福岛地岩城支判 2001.8.10 判 T1129.180。

　　② 参见淡路剛久「廃棄物処分場をめぐる裁判の動向」環境と公害 31 卷 2 号（2000 年）10 頁。

　　③ 参见宮崎淳「人格権としての浄水享受権について——廃棄物処理施設をめぐる差止裁判を契機として」創価法学 35 卷 2 号（2005 年）90 頁。

　　④ 参见潮海一雄「処分場の建設、操業をめぐる民事裁判例の分析」ジュリスト 1055 号（1994 年）39 頁。

法上所保护的利益将有可能受到侵害。因此，无须认定本案中债务人推进计划中所涉程序是否妥当，也无须认定是否超过忍受限度，本院驳回根据人格权或者财产权的侵害排除请求"。也就是说，如果利益侵害得不到认定的话，便无须考虑其他要件或者因素，便可直接驳回侵害排除请求。

其次，如果居民的生活或者健康受到侵害的话，法院原则上便认定超过了忍受限度，从而支持侵害排除请求。比如说，在松山地决 1987. 3. 31判 T653. 178 中，法院认为"对于申请人的日常生活、健康、财产等造成的不利影响本身便是最为重要的因素，上述影响程度如果超过一定界限的话，除了极其个别的情况，便可直接认为受害超过了忍受限度"。但是，这种受害认定并不像想象中那么简单。这是因为要具体且准确预测下述情况是相当不容易的：有害物质如何在多大地理范围内致使产生了何种程度的受害，或者反过来说何种程度的有害在何种物质排出量、排出状况下会波及居民的生命、健康。① 对于这个问题，甲府地决 1998. 2. 25 判时1637. 94 给出了部分回答。该决定认为"想要建设以及运营本案设施的债务人如果不能够证明以下情况的话，便可推定存在侵害利益的可能性：因本案设施的操作而产生的有害物质的状况以及提出为防止环境污染而采取对策的具体材料，以及上述作业不会侵害债权人的健康"，以此减轻原告方的证明责任。此外，还有判例认为，即使有害物质的量是轻微的，但是如果受害人长年累月摄入有害物质的话，也可能对生命、健康产生影响。②

在认定完受害情况之后，判例需要判断侵害行为的违法性（或忍受限度论）。这方面的判断与传统忍受限度论并没有多大的差异。即，在考虑侵害排除请求之时，需要综合比较衡量包括侵害行为的样态、程度，被侵害利益的性质、内容，侵害行为的社会有用性、防止侵害结果发生的对策的有无等诸多因素。其中，在废弃物处理场的案件中，需要考虑的还有决定建设过程、是否存在代替的场所、是否征得全体居民统一、是否实施了环境影响评价、作业后是否建立了监控公害的体制制度等。

在这众多的判断要素中特别需要关注的是行为是否违反了环境基准、公共性以及程序性方面这三大因素。第一，关于环境基准与是否认可侵害

---

① 参见京都地决 1999. 12. 27 判 T1080. 229。
② 参见东京地八王子支判 2006. 9. 13LEX 文献号码 25451324 等。

排除之间的关系，法院的意见也未见一致。比如说，根据松山地决
1987.3.31 判 T653.178 所言，在污染浓度非常低的区域内，即使污染没
有达到排除基准或者环境基准的程度，也可能存在不利影响并超过忍受限
度。因此，并不要求超过环境基准。与此相对，有些判例将环境基准作为
判断忍受限度的重要因素。比如说京都地决 1999.12.27 判 T1080.229 认
为，本案中"如果环境条件满足环境基准的话，这种事态本身便是判断前
述忍受限度的一个重要因素"。东京地八王子支判 2006.9.13LEX 文献号码
25451324 也认为，"当存在污染超过环境基准等的状况之时，便产生了超过
忍受限度的受害的盖然性，也可以说被告的行为侵害了原告的人格权"。将
上述两种意见综合来看的话，即使没有超过环境基准也可能超过忍受限度，
而超过环境基准本身就是判断忍受限度之时极其重要的一个因素。

第二，在水质污染的判例中，如何看待公共性也是一个非常重要的问
题。关于社会运行中废弃物处理场的必要性自不必多言，这也是几乎所有
的判例中都会提及的。但是，也不可因此过高评价公共性的地位。特别是
存在侵害生命、身体等权利的高度盖然性的情况下，"由于人的生命、身
体被认为是具有高度的价值的，因此侵害行为即使具有公共性，也应该认
可排除上述行为的请求"。[①] 在其他情况下，即使侵害行为具有公共性，
也并不意味着仅依此便不认可侵害排除请求。这是因为在驳回侵害排除请
求的判例中，公共性也不过是众多考虑因素之一罢了，或者说公共性不过
是发挥了提高忍受限度的作用而已。[②] 此外，在有关废弃物处理场的判例
中，其他因素也可能占据比公共性更为重要的地位。[③] 实际上，法院并没
有过分强调公共性的作用，相反优先考虑了被侵害利益的重要性。

第三，在有关废弃物处理场的判例中也经常提及居民参与、环境影响
评价等程序性因素。但是在涉及与强烈反对废弃物处理场的原告的利益调

---

① 参见东京地八王子支判 2006.9.13LEX 文献号码 25451324。

② 比如说福冈高判 2003.10.27 判 T 指出"具有公益性、公共性指的是根据其程度，给许
多人的生活、生存带来利益和便利，停止这种公共性的话将给生存、生活带来莫大影响。因此，
侵害行为所涉活动、事业具有公共性、公益性，尤其其程度较高之时，有可能受到侵害一方的忍
受限度将因此提高。公共性的作用便在于此"。

③ 比如说，在鹿儿岛地判 2000.3.31 判 T1044.252 指出"从债权人被保全权利的重要性来
看，本案中的废弃物处理厂正处于债权人饮用以及生活用水的取水处，被告并没有充分考虑到周
边地区的生活环境的保护，也没有讨论在更加安全受害更少的其他地方的预案。从上述因素综合
来看，债务人所主张的公共性并没有充分证据左右上述判断"。

整的问题上，程序性因素不见得是决定性的因素。比如说，大阪地判
1991.6.6 判时 1429.85 指出"虽然被告对原告没有尽到协商的义务，但
是原告对于建设本案焚烧场持强烈反对态度，难以顺利推进双方的协商，
且阻碍被告测量大气质量。因此，原告提出的上述程序性义务没有法律上
的根据"。也就是说，法院认为原告提出的环境影响评价和居民参与的不
足并不足以支撑其请求。① 此外，虽然环境影响评价也是判断忍受限度的
因素之一，但是也不能仅仅依据缺乏环境影响评价而认为建设废弃物处理
场是违法的。②

三　噪声和振动

（一）整体特征

在日本，噪声和振动污染（以下统称噪声污染）是与大气污染、水
质污染并列的传统三大公害，在法院实务中也一直是一种主要的环境纠纷
类型。③ 由于噪声污染几乎都是一种持续性的污染，因此比起损害赔偿，
"面向未来"的侵害排除问题是一个更为紧急的课题。

根据噪声来源的种类不同，噪声污染的类型也是多样的。即，噪声污
染从一般是民间的邻里噪声、卡拉 OK 噪声到美军基地噪声，从工厂噪声
到铁路航空噪声，类型多样。可见要整体把握噪声污染判例的特征是相当
困难的。但是，从整体上来看，噪声污染判例中有个明显的特点是认可侵
害排除的判例较多。此外，在美军基地噪声污染诉讼中，法院一般都是以
侵害排除请求不合法为理由否定侵害排除请求的。具体来说，理由如下：
第一，原告请求实现一定事实状态的请求往往存在并列或者多种选择，行
为的内容是不特定的。第二，谋求禁止超过一定音量的飞行器着陆的请求
也难以确定让被告承担何种作为或者不作为的具体内容。④ 但是除此之外

---

① 还比如，松山地决 1987.3.31 判 T653.178：对于建设这种令人忌讳的设施，往往伴随着
居民的反对，这也是人之常情。此时若不允许所有此类建设的话，便会招致清洁卫生行政的停
滞，也是不妥当。

② 相同意见还有松山地决 1987.3.31 判 T653.178。

③ 参见大塚直「生活妨害の差止に関する裁判例の分析（1）」判例タイムズ645 号（1987
年）21 頁以下。

④ 参见田口守文「公害・環境汚染に対する民事差止訴訟の動向と問題点」矢澤昇治編
『環境法の諸相』（專修大学出版局，2003 年）63 頁。

还是存在不少认可侵害排除请求的合法性的判例。其理由是"通常来说，作为其手段的具体作为或者不作为是必须特定的，而且……如果没有代替执行的可能性就难以特定诉讼请求的说法没有根据"。[1] 此外，侵害排除不合法还有一个理由是不能通过民事诉讼请求行使公权力。这也是大阪国际机场诉讼[2]最高法院判决（最判 1981. 12. 26 民集 35. 10. 1368）精神的

---

[1]　参见名古屋高判 1985. 4. 12 判时 1150. 30。

[2]　大阪国际机场诉讼虽然发生在 20 世纪 70 年代，时空上不属于本书判例所涉范围，但是这个判决确是日本环境诉讼史上不可不提的里程碑式判决。该案概要如下：原告 X 是当时或者之前居住在大阪国际机场附近的居民。该机场飞机起落造成严重噪声污染。以此为理由，X 以该机场的设置以及管理人国家 Y 为被告，主张其身体以及精神两方面遭受了飞机噪声、排放气体、振动等侵害，日常生活遭受全面破坏，提出以下诉讼请求。第一，基于人格权以及环境权，请求在晚上九时到早上七时之间禁止飞机起落；第二，根据民法第 709 条、《国家赔偿法》第 2 条第 1 款请求非财产损害赔偿；第三，请求将来发生的损害的赔偿。关于大阪国际机场公害诉讼详情，参见日本律师协会主编，皇甫景山译《日本环境诉讼典型案例与评析》，中国政法大学出版社 2011 年版，第 123 页以下。

一审判决（大阪地判 1974. 2. 27 判时 729. 3）：Y 提出的抗辩认为，在民事诉讼中要求国家禁止在特定时间起落机场，这违反了三权分立，是非法的。但是，法院没有采纳该观点，而认可了根据人格权禁止在晚上十时之后早上七时之前的飞机起落。同时，驳回了将来损害赔偿的请求。至于过去的损害赔偿请求，否定存在身体、精神的健康受害，承认睡眠妨害等日常生活妨害，认可了部分赔偿。之所以没有支持晚上九时至晚上十时的禁止飞机起落请求，是因为法院认为该时段对于飞机起落具有高度必要性，认可侵害排除将给国内外航空运输造成重大影响。此外，对于跑道建成之后移居到机场附近的三个原告，以"接近危险"为理由，驳回了其所有请求。X 和 Y 对判决不服，皆提出上诉。

二审判决（大阪高判 1975. 11. 27 判时 797. 36）：除了一审中认定的损害，还认可了飞机噪声、气体排放等与 X 的健康损害之间的因果关系，承认发生损害的可能性，或者至少存在侵害的现实危险。关于侵害排除，与一审一样认可民事诉讼的合法性，同时认可晚上九点之后的禁止飞机起落请求。理由是，受害重大且所涉甚广，所以即便机场具有重大公共性，其也是有限度的。对于过去的损害，判决认为只要考虑 X 等的居住区域以及期间便可，无须考虑其主观情况，认可了损害赔偿。对于将来的损害赔偿，与一审有所不同，认可了侵害排除实现之前的将来的损害赔偿，并且否定了一审中的"接近危险"的理论。Y 不服判决，提出上诉。

最高法院判决（最判 1981. 12. 26 民集 35. 10. 1368）：对于侵害排除请求，最高院认为，关于机场的管理事项，尤其是飞机的起落规制本身，机场管理权与航空行政权是不可分离的。因此，暂且不论 X 等是否可以通过行政诉讼请求若干事项，对 Y 是不能通过民事诉讼请求私法上的给付的。

关于本案判例评论，参见田井义信·環境法判例百選（2004 年）；加茂纪久男·法曹時報 37 卷 1 号（1985 年）159 頁以下；沢井裕·公害環境判例百選（1994 年）112 頁以下；近藤昭三·ジュリスト768 号（1982 年）31 頁以下；加藤一郎·ジュリスト761 号（1982 年）12 頁以下等。

延续，并为多数判决所采用。① 本章主要是以进入实体审判的判例分析为
中心的，所以对美军基地诉讼判决的分析就只能割爱了。但是这里顺便一
提的是，在前述大气污染诉讼中法院已经普遍接受了抽象性侵害排除的合
法性，而且在美军基地噪声污染诉讼中也出现了像横田第 1—2 次诉讼②
最高法院判决（最判 1993.2.25 判时 1456.53）那样的认可请求的特定性
的判例。因此今后抽象不作为的合法性问题可能不太会成为此类诉讼请求
的障碍了。③

---

① 比如著名的厚木基地第 1 次诉讼：厚木海军基地是美军在日本的基地之一。居住在基地
周围的居民 X 等以航空器噪声、振动以及排气污染侵害其身体、精神权利为由，请求：第一，国
家 Y 禁止自卫队以及美军飞机在夜间起降，并在昼间居民住宅保证不发出超过 65 分贝的噪声；
第二，根据《国家赔偿法》第 2 条第 1 款或者民法第 709 条请求过去的损害赔偿以及将来侵害排
除实现之前的损害赔偿。一审（横滨地判 1982.10.20 判时 1056.26）以及二审（东京高判
1986.4.9 判时 1192.1）法院都以侵害排除不合法为由驳回了该诉讼请求。最高法院判决（最判
1993.2.25 民集 47.2.643）指出，对于禁止自卫队飞机的请求，防卫厅长官对于飞机航运具有规
制权限，且自卫队飞机的飞行不可避免给周围居民带来噪声。原告提出的禁止夜间飞行的诉讼请
求不属于民事上的请求，应该通过行政诉讼得以解决，所以上述请求是不合法的。同时，对于美
军飞机的起落，该判决认为，厚木基地是国家 Y 与美军根据条约而设置的。如果没有条约规定或
者特定的国内法根据，Y 没有权力限制美军厚木基地的使用。所以，X 要求禁止美军飞机起落的
诉讼请求是向 Y 提出了其难以支配第三者的请求，是不合法的。
　　关于本案的判例评论，可参见：畠山武道·環境法判例百選（2004 年）106 頁以下；大内俊
身·最高裁判例解説民事篇平成五年度（上）（1994 年）318 頁以下等。
② 横田基地诉讼概要：横田机场位于东京都三多摩地域中心地带，按照日美安保条约等，
这里是美军使用的军用机场。1976 年机场周围居住的 148 名居民主张其环境权以及人格权受到美
军机场起降的严重侵害，向国家 Y（被告）提出下述请求：第一，美军在夜间的一定的时间带里
禁止起落飞机，且禁止发出 55 分贝以上的噪声；第二，赔偿过去以及将来的损害。一审法院除
了支持一部分过去的精神损害赔偿金，驳回了其余所有诉讼请求（东京地八王子支 1981.7.13 判
时 1008.19）。X、Y 都提出上诉，且 X 还追加了下述请求：不让从机场中产生的一定音量的噪声
到达原告居住场所之内。二审法院基本支持一审判断，驳回了侵害排除请求以及将来的损害赔偿
请求（东京高判 1987.7.15 判时 1245.3）。最高法院判决认为，本案侵害排除请求的对象应该是
美军基地而不是本案被告国家 Y，所以原告的主张缺乏妥当的前提。此外，要求 Y 禁止美军基地
飞机起落，实际上是让 Y 支配其难以支配的第三人（美军）的行为，这种主张本身是不妥当的。
　　关于本案的判例分析，可参见：柳憲一郎·環境法判例百選（2004 年）110 頁以下；田山辉
明·ジュリスト749 号（1981 年）131 頁；加藤雅信·法学教室 87 号（1987 年）84 頁以下；青
野博之·環境法研究 18 号（1987 年）137 頁以下；大塚直·ジュリスト1026 号（1993 年）60
頁以下等。
③ 参见吉村良一『環境法の現代的課題——公私協働の視点から』（有斐閣，2011 年）
273 頁。

除了这种基地诉讼，在涉及大型公共设施造成噪声污染的侵害排除诉讼中，认可侵害排除请求的判例也并不多，而与此相对在其他噪声诉讼中法院支持侵害排除请求则并不少见。

（二）侵害排除的根据

在噪声污染判例中，关于侵害排除的根据，虽然也有不少判例是依据不明或者以忍受限度为根据的，但是多数情况下是以人格权作为根据的。比如说在长野地决 1994.8.12 判例地方自治 134.60 指出"作为人格权的效力，应当排除因设施的运营造成的侵害，而与该设施的建成有着密切关联的施工等准备行为也可能成为上述侵害原因，因此可以认可对其排除侵害"。另外，在千叶地判 2005.7.15 诉务月报 52.3.783 中也指出"由于人格权是受到保护的极其重要的法益，所以人格权受到侵害的人可以基于物权一般的排他性，就像物权请求权一样，请求排除正在发生的侵害行为，或者请求预防将来可能发生的侵害行为。可见，人格权可以作为侵害排除请求权的依据"。如此，在噪声污染侵害排除诉讼中，人格权根据也几乎成为法院的定说了。但是，即便采取了权利说，还是根据忍受限度的存否判断权利成立的范围。①

但是人格权其本身就是一个涵盖各种利益的综合概念。因此，法院在实务中也需要对这个综合概念进行细分化的作业。首先，判例将人格利益分为身体、健康性人格权和尚未至此的人格利益。比如，名古屋高判 1985.4.12 判时 1150.30 （名古屋新干线诉讼②二审）承认"噪声振动以

---

①　比如说下述卡拉 OK 噪声案：原告 X（三户，共计六名）是从 1987 年开始就居住在札幌市丰平区居民区的居民，该地区属于城市规划法上的第 2 种居住专用地区。Y 未与 X 等协商便于 1989 年 8 月在与 X 住宅仅隔 1.5 米处开了卡拉 OK 店，每日从上午十一时营业至晚上三时。X 等主张因卡拉 OK 店的噪声影响睡眠，其中一名原告甚至提出其身体异样，需要住院或者诊疗，向法院请求禁止 Y 在晚上十时至早上四时之间营业并赔偿每人三十万日元损失。法院认为，噪声造成睡眠休息的妨碍是一种绝对权（所有权、人格权）侵害，同时考虑到没有采取防音措施、本设施纯粹是娱乐设施公共性不强等要素，支持了侵害排除请求（札幌地判 1989.5.10 判时 1403.94）。本案评论，参见神户秀彦·環境法判例百選（2004 年）118 頁以下。

②　名古屋新干线诉讼概要：东海道新干线穿过名古屋站附近人口最集中的地区之一名古屋市南区、热田区、中川区 7 公里左右的区域，造成了噪声振动的重大受害。居住在该地区两侧 100 米之内的原告 575 名以日本国有铁道公司为被告提起诉讼，诉讼请求如下：第一，基于人格权和环境权，要求新干线所产生的噪声振动不超过一定量（早上七时至晚上九时不超过 60 分贝，振动不超过 0.5mm/s。尤其是早上七时之前以及晚上九时至十二时噪声不超过 55 分贝，振动不超过 0.3mm/s）；第二，根据《国家赔偿法》第 2 条第 2 款等，请求支付过去每人一百万日元赔偿；

及伴随的不快感等物理性精神性刺激对原告的身体造成了压力和负担。但是并没有足够的证据证明原告提出的头痛、肠胃不适、血压变化等所谓的自律神经失调症状与上述因素之间存在确定的因果关系"。也就是说，该判决将受害分为一般压力和身体疾病两种。在此基础上，该判决认为"因噪声振动而受到侵害的是身体，这与妨碍日常生活的安静而产生的侵害是不同的"，因此"原告以人格权侵害为理由的请求在身体侵害的范畴内是正当的，而除此之外的情况下本院不予支持"。即，法院仅在身体利益受到侵害的范围内支持侵害排除请求。这种对人格利益的细分化作业的结果是即使某种人格受到侵害，如果达不到侵害身体的程度的话，就可能不会认可侵害排除请求。比如在东京地判 2010.8.31 判时 2088.10 认为"被告的噪声给原告的居住环境等造成了相当的影响，因此原告的利益受到的侵害程度是不轻的。但是难以认定原告的生命、身体有可能产生某种侵害"。

最后，对于偶尔有原告主张的以环境权为根据请求侵害排除的，法院没有认可这种根据的任何先例存在。这点和其他污染类型是一样的。

（三）侵害排除的要件以及判断基准·判断要素

正如上述几种类型的污染，噪声污染中也是通过忍受限度来判断是否认可侵害排除请求。也就是说，在判断侵害排除请求之时，"需要比较侵害行为的样态和侵害的程度、被侵害利益的性质和内容、作为侵害行为源头的社会经济活动所具有的公共性或者公益上的必要性的内容和程度（社会经济有用性）等因素，还要综合考虑侵害行为的开始以及之后的持续经过和状态、此间是否采取了减轻侵害的相关措施以及其效果如何等因

（接上页）第三，请求在侵害排除请求实现之前的将来每人一个月 2 万日元的赔偿。一审法院认为，侵害排除将导致社会的重大损失，由此驳回了侵害排除请求。同时，法院支持了过去的损害赔偿请求，但是对于将来的损害赔偿，法院认为没有必要，所以驳回了该请求。名古屋高院判决首先认可了本案诉讼的合法性，并认为侵害排除的根据在于人格权受到了侵害。通过忍受限度认为东海道新干线运行并没有超出应当忍受的限度。但是对于过去的损害，判决认为东海道新干线在设置以及管理上存在瑕疵，并根据超过忍受限度值的噪声值，判定一定的损害赔偿。但是，判决驳回了将来损害赔偿请求。

关于本案的评论，参见：浦川道太郎·環境法判例百選（2004 年）98 頁以下；宇佐見大司·ジュリスト840 号（1985 年）6 頁以下；岩田規久男·ジュリスト840 号（1985 年）14 頁以下；岡徹·ジュリスト862 号（1986 年）113 頁以下；森島昭夫·法律時報57 巻 9 号（1985 年）19 頁；潮海一雄·公害研究 15 巻 2 号（1985 年）2 頁以下等。

素"。① 除此之外，判例中还列举了是否遵守了公法、受害人居住地的地域性、与其他噪声的比较等因素。

正如上文所述，因噪声污染而受到侵害的利益是多种多样的。噪声污染既有在某种程度上是现代社会生活所允许的情形，也有社会所难以容忍的情形，甚至还有超过某个界限侵害到身体的程度的情形，不一而足。在噪声污染的判例中也存在一种限制受害范围的倾向，原因多半是噪声导致身体受到损害是一个非常难认定的问题，这个原因也成为判例中难以支持侵害排除的因素之一。在众多噪声污染的判例中，法院以原告提出的受害仅停留在所谓的"主观恐惧"为理由驳回了侵害排除请求。②

在忍受限度判断中有个重要的论点是"违法性层次论"。所谓的"违法性层次论"指的是在考虑侵害排除请求中判断忍受限度之时必须比损害赔偿请求情况下的忍受限度更为严格。关于这点，最判 1995.7.7 民集 49.7.1870（国道 43 号线诉讼）指出，对于侵害排除请求中需要考虑的违法性和损害赔偿请求权中的违法性判断，两者需要考虑的要素"基本是共通的，但是考虑到停止使用某种设施与通过金钱赔偿的请求内容的差异，在违法性判断中，何种程度上考虑各种要素的重要性是有差异的。因此，判断侵害排除和损害赔偿的违法性出现差异也不是不合理"，对违法性判断设置了不同的程度。但是学说上对于本判决是否采纳了"违法性阶段说"还是存有争议的。根据最高法院调查官的解说，③ "本判决认为损害赔偿请求和侵害排除请求在各个违法性判断中需要考虑的因素严格来

---

① 参见千叶地判 2005.7.15 诉务月报 52.3.783。

② 比如在东京地铁半藏门线地下施工侵害排除诉讼（东京地判 1988.3.29 判时 1283.109）：被告 Y 是东京地铁半藏门线的施工方，于 1971 年 4 月 28 日获得行政许可开始地下施工。地铁上方的 55 名居民 X 以噪声污染、地盘下沉以及地下水污染损害高度危险性为理由，提请侵害排除请求。X 等提出的侵害排除根据是作为绝对权的人格权和环境权。法院认为，原告 X 等难以证明工程完成后所发生的各种受害的具体危险性，从而判定其主张的受害仅仅是一种主观恐惧。本案判例评论，参见：藤冈康宏·環境法判例百選（2004 年）82 頁以下。

③ 日本最高法院只有 15 名法官，大量的资料收集以及事务工作都需在调查官的帮助下才能完成。调查官的解说由最高法院每年选定典型案件发行，由调查官进行解说。虽然调查官解说没有法律约束力，也不能代表法官的意见，但是在日本其具有非常大的权威性，是判例研究不得不参考的文献。

说是有差异的，共同要素在各自违法性判断中的位置（重要性）也是不同的……各自的违法性判断本来就不属于一个范畴里的问题，因此比较其程度的高低是没有意义的。解读本判例之时，认为支持侵害排除请求需要更高程度的违法性的观点值得商榷"。也就是说，最高法院调查官解说并没有站在违法性阶段说的立场上。①

在判断忍受限度之时，是否违反公法上的规制是一个重要的要素。甚至有判例直接以违反了公法上的规制，不用忍受限度论而直接认可了侵害排除请求。比如说，东京高判 1989.8.30 判时 1325.61 中，法院认为本案中建筑物的施工"并没有取得《东京都公害防治条例》中规定的都知事（东京都的行政首长，笔者注）的许可，而且无视施工后得知上述事实的文京区长做出的停止施工命令继续作业，违法作业达八年之久"。因此，"被告公司的违法作业的行为性质是极其恶劣的，其违法性程度也极高。此时再适用忍受限度论是不恰当的"。但是，本案到了最高法院，其诉讼请求并没有得到最高法院法官的支持。即，最高法院还是站在传统忍受限度论的立场上，认为"工厂等作业是否违反法令是判断是否超过忍受程度的诸多要素中的一个。仅仅以违反了法令难以断定其违法侵害了第三者的权利或者利益"。②

此外，在判例中，对于环境基准的定位也未见一致。从整体上来看，在噪声污染判例中，法院对于环境基准存在下述三种意见。第一种是从生活环境保护的宽泛视角设定环境基准的观点。这种观点认为，"噪声环境基准的设定不应该从狭义的维护人的健康的立场出发，而必须考虑到生活环境的保护"，因此即使超过了环境基准，有时也可能并不影响人的生命身体的安全。此时，并不能因为超过环境基准而立即认可侵害排除请求。反过来说，在没有超过环境基准的场合下，这种观点并不认为有噪声便存在侵害生命身体的危险性。③ 第二种态度是将环境基准原则上视作私法上忍受限度的基准，在例外情况下在环境基准之上加上其他要素

①　参见田中豊·最高裁判所判例解説民事篇平成七年度 738 頁。相同意见大塚直「判批」判例タイムズ918 号（1996 年）65 頁。

②　参见最判 1994.3.24 判时 1501.96。

③　如津地判 1999.5.11 判 T1024.93。

的考量。① 第三种态度是将环境基准作为忍受限度中一个要素的观点。与第二种态度不同的是这种观点并没有给环境基准过高的地位，而是将其仅仅作为其中要素，需要与其他要素一起判断是否超过忍受限度。② 纵观关于噪声污染的所有判例，第三种观点是最为普遍的。

最后，在新干线铁路、机场等场合，法院往往会重视设施的公共性。③ 但是，在许多判例中将公共性作为忍受限度的一个要素，并不能仅仅依据设施的公共性就可以否定原告的侵害排除请求。比如说，千叶地判 2005. 7. 15 诉务月报 52. 3. 783 认为"在行为主体等具有公共性且侵害行为具有公益上的必要性的情况下，私权有必要某种程度上忍受其侵害……但是，因机场的使用而使得周围居民的受害难以说是微不足道的，而且周围居民因机场而获得的利益与因此而遭受的侵害之间，不见得是随着后者的增大而使前者也增大。不能牺牲机场周边一小部分人的利益而实现上述公共利益，这样做也是不公平的。即便存在高度的盖然性，也未必阻却了行为的违法性"。也就是说，这种观点认为公共性不仅包括社会的利益，也包括周边居民的重大利益，可以称为"受害的综合评价"。

四　日照通风妨害

（一）整体特征

日本很早以来便存在日照通风的环境纠纷，特别是昭和 40 年代

---

①　比如说大阪地决 1987. 10. 2 判时 1272. 111 认为"如果存在为了防止噪声污染而设定的公法上的规制基准的情况下，考虑到其设定的宗旨以及目的，在这种规制基准之内的噪声原则上也是一般人应当忍受的范围之内的。反过来说，超过这种规制基准的情况下，超过规制基准的噪声就超过了忍受限度，作为一种违法的噪声，可以成为侵害排除的对象。但是，考虑到该噪声对身体、精神的情绪性影响程度、受害场所的地域性、四周的环境、受害人的生活状态、土地利用的先后顺序等具体情况，如果以上述规制基准直接作为忍受限度的基准是不恰当的话，在这种例外情况下可以在一定程度上减轻上述公法的规制基准，或者加重忍受限度的程度"。

②　如长野地决 1994. 8. 12 判例地方自治 134. 60 中指出"环境基准不过是忍受限度较为容易辨识的一个基准，根据该噪声对身体的影响、受害场所的地域性、四周的环境、受害人的生活状态、土地的先后利用关系等具体情况，有些场合下忍受限度可能在环境基准之上或者之下。另一方面，在涉及经济生活中具有重大公共性的铁路事业中，请求铁路停止运行或者与此相当的请求禁止收购铁路设施的土地或者请求停止施工的，不仅要求人格权侵害的程度超过了忍受限度，还要求这种超过忍受限度的违法性是显著的"。

③　比如名古屋地判 1980. 9. 11 判时 976. 40、最判 1995. 7. 7 民集 49. 7. 1870、东京地判 2010. 8. 31 判时 2088. 10 等。

（1965—1975 年）随着日本社会建筑物高层化的推进，社会上提起了相当数目的侵害排除诉讼。① 在昭和 60 年代（20 世纪 80 年代中叶）后，虽然也还存在日照纠纷，但是与以前比已经大大减少了。这不是因为高楼数目的减少，而是因为随着公法规制的完善，大多数纠纷不会发展到法院的程度。比如说，日本于 1976 年通过的《建筑物基准法》第 56 条第 2 款中新设了一个"规制日照"的规定。受此条款以及地方性日照阴影条例的影响，多数严重的日照纠纷都在事前被"审查"掉了。②

（二）侵害排除的根据

过去主张因日照通风受到侵害而请求侵害排除的判例中，依据所有权、占有诉权等财产权利的判例占到压倒性的多数。③ 但是，随着日照纠纷的增加，物权根据已经难以满足人们追求舒适生活（人格利益的一面）的要求，日本学界展开了日照权这种全新权利的研究热潮，并最终确立了一种更稳固的地位。④ 20 世纪 80 年代以后的判例中，以人格权为根据的判例不断增加，并取得支配性的地位。当然，在日照妨害纠纷中，以物权为根据的案件比例还是比其他类型要高。另外，在实务中侵害排除请求权的根据一般不太会成为问题的焦点，⑤ 与上述类型一样，有许多判例甚至没有特别提及其根据。

（三）侵害排除的要件以及判断基准·判断要素

在日照妨害诉讼中，法院判断是否支持侵害排除请求之时，一般采用了忍受限度论，即日照受害的程度是否超过了社会生活上一般应该忍受的限度。在判断这种忍受限度之际，需要考虑的要素有受害的程度、是否危

---

① 早期日本日照阴影诉讼参见高田高輝「日照・日影事件——その現状と課題」判例タイムズ1183 号（2005 年）85 頁以下。此外，在大塚教授整理的判例数据中，从战后到昭和 60 年代（1945 至 20 世纪 80 年代）日照妨害纠纷在全体 178 个中的 102 个之多［参见大塚直「生活妨害の差止に関する裁判例の分析（4）」判例タイムズ650 号（1988 年）33 頁］。

② 参见山本進「日照阻害を理由とする建築禁止仮処分」丹野達、青山善充編『裁判実務大系 4 民事保全法』（青林書院，1999 年）287 頁。

③ 参见好美清光「日照権の法的構造」（上）ジュリスト490 号（1971 年）22 頁。

④ 参见野村直之「最近の日照権裁判例とその考察——日照権に基づく建築差止めをめぐって」判例タイムズ630 号（1987 年）2 頁。

⑤ 参见山本進「日照阻害を理由とする建築禁止仮処分」，丹野達、青山善充編『裁判実務大系 4 民事保全法』（青林書院，1999 年）288 頁、高田高輝「日照・日影事件——その現状と課題」判例タイムズ1183 号（2005 年）86 頁。

及公法基准、地域性、回避污染的努力和可能性、建筑物的用途（公共性）、谈判过程等。① 其中受害的程度与是否违反公法基准又是核心的判断要素。

1. 受害的程度

在日照妨害的场合，一般来说法院是通过下述方法认定受害的。以冬至日上午八时到下午四时为基准时间，以在这个时间带内受害建筑物的南面主要开口部分的日照阻碍为中心，掌握日照受害的程度。当然，也有根据多个测定场所得到的数据考虑日照阻碍情况等根据每个案件的具体情况灵活选择的。② 此外，法院一般认为"日照权的问题是一个涉及人的肉体、精神以及健康生活的重大问题，所以在考虑日照阻碍的忍受限度之时，不应单纯考虑收益、预算等问题"。③ 在受害程度中，有些判例中还提到了白天照明的器具以及相应增加的光热费等。④

但是，不同案件中日照阻碍的观测点不同以及存在多重日照阴影等问题，所以在判例中以几个小时作为截然的判断基准也是困难的。此外，日照妨害的判例与其他类型不同，如果受害不是非常重大的话，除非存在特别情况，法院是非常难以支持侵害排除请求的。

2. 是否违反公法规制

首先，正如前文所述，在日照妨害的判例中，是否违反公法规制受到了特别的重视。如果日照妨害超过了公法规制的话，对于加害人一方是极其不利的。尤其是违反日照阴影规制，因为这是以保护日照为直接目的的公法基准，所以可以说在判断是否支持侵害排除之时有着绝对性的影响。⑤ 反过来说，如果没有违反公法的规制基准的话，判例一般认为日照妨害便没有超过忍受限度。⑥ 当然，即便在认定是否符合公法规制之时也必须考虑其他因素，可见在日照妨害的场合，除非受害达到了相当的程

---

① 　如名古屋地决 1991. 12. 25 判 T791. 214、、仙台地决 1992. 6. 26 判时 1448. 145、松山地决 1993. 9. 30 判时 1485. 77 等。

② 　比如说仙台地决 1992. 6. 26 判时 1448. 145、大分地决 1997. 12. 8 判 T948. 274 等。

③ 　参见神户支地姬路支决 1999. 10. 26 判 T。

④ 　如名古屋地决 1985. 3. 18 判时 1161. 157。

⑤ 　参见山本進「日照阻害を理由とする建築禁止仮処分」丹野達、青山善充编『裁判实務大系 4 民事保全法』（青林书院，1999 年）296 頁。

⑥ 　如福岛地决 1987. 4. 22 判时 1244. 109、名古屋地决 1991. 12. 25 判 T791. 214 等。

度，一般侵害排除请求是较难得到支持的。

其次，公法规制以外的地区又该根据什么标准判断呢？关于这点，判例主要采取下述态度。《建筑物基准法》等公法的规制是从总体上考虑了各种利益的衡量，对于将来打算建造建筑物的人也考虑到了其法的安定性和预测可能性。因此，即便是在判断私法上的忍受限度之际，也应当充分尊重公法规制的恰当性。但是，《建筑物基准法》"规定的是最低的基准，是为了保护国民的生命、健康以及财产"（该法第 1 条）。该法中规定的利益衡量也是抽象概括性的内容，与私法上的忍受限度论未必是一致的。因此，不能因为该建筑物在《建筑物基准法》规定的日照阴影规制对象之外的区域内建造，就能简单地判定该建筑物的日照阴影没有超过私法上的忍受限度。如果该建筑处于日照阴影规制区域之外的话，这当然是需要考虑的一个因素，但是这也不过是判断忍受限度的一个要素而已，还应该综合地比较衡量案件中具体个别的情况。[1] 也就是说，建筑物是否是在公法规制之内虽然也是一个重要的因素，但是这也不过是忍受限度的一个判断要素而已。更进一步来说，在公法规制对象区域之外的建筑物，先探讨其适用公法基准是否妥当，然后结合地域性、受害的程度等因素判断是否超过了忍受限度。[2]

3. 地域性

在日照妨害的判例中也经常特别提及地域性的考量。居住用地比工商业用地采取更为严格要求的日照保护是再自然不过了。在认定地域性之时，地域的现状与城市规划上的限制是基础，特别是指定用途地域是重要的参考。此外，在几乎所有的日照妨害判例中都需要先认定该地域的用途。根据日本法律中对建筑用地的区划可以分为，第一种居住专用地或者第一种低层居住专用地、第二种居住专用地、居住地域或者第一种居住地、临近商业用地或者准工业用地、商业地域或者工业地域。但是在判例

---

[1]　参见熊本地决 1994. 12. 15 判时 1537. 153。

[2]　比如说东京地决 1990. 6. 20 判时 1360. 135 中纠纷的建筑物虽然是《建筑物基准法》日照阴影规制的对象外的建筑物，但是"参照《建筑物基准法》以及东京都条例中日照阴影规制，本案中的日照阴影已经大幅超过上述规制标准，而且从上述认定中可知本案建筑物造成的日照受害达到八个小时，受害人达到六名的显著程度……不得不说本案中对六名债权人造成的日照受害已经超过了忍受限度"。

中，这几种用地各自的支持以及驳回侵害排除请求的比例都差不多是对半开。① 可见，仅仅依据用途这一项并不是决定是否支持侵害排除请求的绝对性因素。这是因为在日照妨害案件中本来就应该探讨——如何考虑该地域的范围，何种程度上考虑将来的情况或者流动性，以及考虑城市规划应该如何定制②——等问题。如此，地域性的考量结果也近乎是一种综合考量。

4. 建筑物的用途（公共性）

日照妨害的判例中，公共性的问题并没有上述几种类型那般重要。特别是昭和 60 年代以来，几乎不存在因为建筑物的公共性而不支持侵害排除请求的判例。反过来，却有以受害建筑的用途为理由之一支持侵害排除请求的判例。特别是受害建筑物是医院、幼儿园等公益性较高的情况下，法院会重视受害建筑物的公共性。③

五　景观眺望

（一）整体特征

日本很早便存在阻碍眺望的纠纷，早期的阻碍眺望诉讼主要是集中在观光旅馆、宾馆等财产性侵害，而到目前已经发展到侵害居住建筑物的眺望等生活利益了。④ 与此相对，以国立市景观诉讼⑤为契机，最近景观诉

---

① 参见高田高輝「日照・日影事件——その現状と課題」判例タイムズ1183 号（2005年）89 頁。

② 参见东京地决 1991.3.30 判 T769.248。

③ 比如仙台地决 1992.6.26 判时 1448.145 是保育院的建筑物受到日照阴影侵害的案件，法院认为"本案中的保育院是具有广泛公共性性质的设施，保护这种设施的环境不仅是儿童以及亲权人的需要，从公共性的观点来看也是必要的"。

④ 参见淡路剛久「眺望・景観の法的保護に関する覚書——横須賀野比海岸眺望権判決を契機として」ジュリスト692 号（1979 年）119 頁以下。

⑤ 本案件的事实概要如下：从事住宅买卖的公司 Y1 在东京都国立市内的称为"大学路"的马路边上建造了一栋 14 层高 43.65 米总住户为 353 户的住宅楼。附近拥有土地的居民以及学校法人等 50 人 X1—50 认为，因为本案中的建筑物的侵害，超过忍受限度，原告的景观权或者享受的景观利益受到了违法的侵害。以上述侵权行为的侵害等为理由，诉讼请求为：①请求上述建筑人以及本案建筑物的区分所有权人（上诉审口头辩论结束时为 220 人）撤去高于 20 米的部分，②请求包含施工者（Y2）在内的 Y 支付精神损失赔偿以及为本案支付的律师费用。各级法院判断如下。

讼在日本得到了许多注意。

眺望利益和景观利益存在以下几点不同。首先，眺望利益指的是从特定的位置向远处眺望的一种利益，而景观利益则是在一定区域居住的全体居民眺望的一种利益。其次，眺望阻碍的个别性主观性较强，基本上是一种涉及私人的利益。与此相对，景观利益是一种客观的风景外观的利益，是一种地区性的、公益性的利益。①但是，眺望妨碍和景观妨碍也存在竞合

（接上页）一审（东京地判 2002.12.18 判时 1829.36）：对于 X 的请求，至少在大学路 20 米范围之内拥有土地的三名原告（X16—18），认可其对除了 Y2 之外的被告的请求，即拆除面向大学路的本案建筑物的东面一栋，同时认可了 Y1 向某赔偿从 2001 年 12 月 20 日到建筑物撤去为止每天 1 万日元的精神损害赔偿以及 900 万日元的律师费用。对于 X 的其他诉讼请求，予以驳回。其理由如下：在相当的期间的特定的地域内，该地域内的土地权者由于对土地的利用以及持续的自我规制而形成了某种特定人工景观，且在社会观念上地权者不仅享受了这种特定的良好的景观，因此这些土地还产生了附加价值。此时，地权者负有保持这种已经形成的良好景观，并且其具有要求他人也相互维持这种景观的利益。这种景观利益是值得法律保护的，而在一定的场合下，侵害景观利益的行为被视作侵权行为。

二审（东京高判 2004.10.27 判时 1877.40）：驳回 X 的所有请求，理由如下。景观是与该地域的自然、历史、文化以及人们的生活紧密相关的，而判断景观是否良好因人而异，是主观且多样的，因此由法院来判断未必是恰当的。正是由于个人的关心程度以及感性的程度不同，这与土地所有权等本来就是不同的。因此，景观利益不能被视作值得法律保护的权利或者利益。但是，该判决同时认为，因为建筑物的建造而受到的生活损害即使是在应当忍受的限度之内，如果存在该建筑是以对居民的加害为目的的事实，或者建筑物的形状等显著超越了行使权利的合理性等欠缺社会相当性的情况，有可能构成侵权行为。从本案看，Y1 取得土地以及建筑物的建造并没有欠缺社会相当性。

三审（最判 2006.3.30 民集 60.3.948）：驳回上诉，判决理由如下。应该说居住在良好的景观周围并在日常中享受这种恩泽的居民，对于良好的景观所具有的客观价值受到侵害，有着密切的利害关系。这些居民享受良好的景观的恩泽的利益（简称景观利益）是值得法律保护的利益。但是，这种景观利益的内容，根据景观的性质、样态等的不同而不同，且随着社会的变化而有可能发生变化，所以从现在的时点来看，景观利益并不具备像私法上的权利那样的明确实体，不具备超越景观利益的"景观权"的权利性……对于民法上侵权行为，不仅是在私法上的权利受到侵害之时，而且法律上所保护的利益受到侵害的场合下，也可以成立。如本案这种建筑物的建造是否侵害第三人的景观利益的判断，应该综合考虑作为被侵害利益的景观利益的性质和内容、该景观所在地的地区环境、侵害行为的样态程度、侵害的过程等因素进行判断。

① 参见淡路刚久「眺望・景観の法的保護に関する覚書——横須賀野比海岸眺望権判決を契機として」ジュリスト692 号（1979 年）119 頁；伊藤茂昭ほか「眺望を巡る法的紛争に係る裁判上の争点の検討」判例タイムズ1186 号（2005 年）4 頁。

的情况，两者在判例中也多有共同之处。① 因此，在这里将两者放在一起进行研究（以下统称为景观诉讼）。②

可能不同的人对于景观利益有着不同的理解，而且一般认为景观利益本身也不是一种排他性利益。因此，与其他绝对权相比，景观利益的要保护性并没有那么高。但是，对于居住在良好景观周围的居民而言，其确实享受着一种景观利益，而且某特定区域形成的良好景观也是该地区土地的一种附加价值。日本学界认为，景观利益是一种涉及公私双重性质的利益，而法院则多依据行政法的规制解决这个问题。

值得一提的是，最近几年随着国立市景观诉讼引发了学者对于景观利益研究的极大兴趣。关于景观利益的讨论不仅涉及这种非传统环境利益的保护问题，并引发了侵权行为构成要件、公法和私法之间关系等问题的大讨论。本书还是以侵害排除的根据和要件为中心探讨相关问题。

（二）侵害排除的根据

在景观诉讼中，原告经常以眺望权以及景观权为根据主张侵害排除请求权。对此，法院也认可眺望利益和景观利益的存在。关于眺望利益，法院认为其"具有从特定场所向远眺的特别的价值。享受这种眺望利益是作为一种社会一般观念上的独特且重要的生活利益，受到法律保护"。③

---

① 参见淡路剛久「眺望・景観の法的保護に関する覚書——横須賀野比海岸眺望権判決を契機として」ジュリスト692号（1979年）119頁。

② 值得一提的是，与很早以前开始就得到私法上保护的眺望利益不同，过去日本法院对于景观利益的私法上的保护性是持消极态度的。比如说，由于某保险公司计划在东京著名的日比谷公园的南侧建造一座30层超过120米的高层建筑，住在公园周围的九个居民向法院申请该建筑停止建设的临时处分。第一审的东京地方法院认为"本案中债权人所主张的其受到侵害的权利或者利益本身，并不是债权人个人拥有的具体的私法上的权利，甚至难以称得上为法律所保护的利益。这种利益只不过是债权人利用公园而享受到的反射利益罢了"。上诉审的东京高等法院同样认为，"地方公共团体设置的都市公园是供居民或者一般民众共同使用的公共设施，只要不妨碍他人的共同使用就可以共同使用。这种使用是一种公法上的使用关系，对都市公园的管理应该由作为设置公共团体的公园管理者进行，而一般的个人并不当然拥有请求停止使用的权利"。

还比如京都佛教协会以"历史性宗教性的环境权（景观权）"作为保全权利，申请了反对建造一座高达60米的宾馆的临时处分。京都地方法院认为，古都的历史风貌的保全"最终是通过民主程序制定的法律规定的"，而所谓的"历史性宗教性的环境权（景观权）"无论是其内容还是要件都是不明确的，因此否定了其私法上的权利。类似的案件还有古都镰仓的市容景观诉讼的上诉审，"景观权不能够作为法律上的权利而得到承认……享受景观的利益不仅仅是当地居民的利益，也是造访古都镰仓的国民全体的利益。这是一种公共利益，而不是个人的个别具体的利益"。

③ 参见东京高判2001.6.7判时1758.46。

关于景观利益，法院认为"居住在良好景观周围且享受这种日常恩泽的居民与这种良好景观所具有的客观价值有着密切的利害关系。这些居民享有良好景观恩泽的利益值得法律的保护"。① 但是关于景观利益，不得不解决好以下几个理论问题。

第一，景观属于权利还是利益。对于这个问题，虽然判例中没有承认景观权的先例，但是学说中受到环境权学说的影响，有的学者主张作为具体的环境权，存在称之为"景观权"的权利。诚然，景观权由于在其主体以及内容上存在诸多不明确性，承认有这种权利的学者并不多。但是正如 20 世纪六七十年代争论的日照权现在已经得到普遍认可那样，景观权得到认可也并不是不可能的。此外，考虑到侵权行为法的权利创设功能，② 目前被认为是景观利益的利益也是有可能上升为景观权的。

第二，是否仅仅依靠行政法等公法就足以保护景观利益。正如前文所述，部分公法学者认为，从景观利益的性质出发这个问题应该借由行政法等公法解决。但是更多的民法学者以及部分公法学者认为，行政法的规制难以迅速且灵活地应对景观利益的保护问题，造成公法规制往往处于被动地位，在现实问题上常常是以事后对应为主。同时，与这个问题有关联的是景观保护中公法与私法的关系的问题。最近几年，日本法学界对包括环境保护在内的诸多领域内的公法与私法之间的关系进行了讨论。一般认为，以前的公法与私法二分论是存在问题的，至少应该认可公法与私法之间的交错以及互动。③ 但是，关于景观领域内的公法与私法的讨论，还是有待进一步讨论。

第三，如果认可景观利益的私法保护的话，那么应该采取何种理论构成呢？正如上文中提到的关于侵害排除的若干学说，既有比较接近传统私法概念的人格性利益说，也有比较大胆的景观权说（环境权说）以及地域性规则说（环境秩序说），但是这几种学说还有值得讨论的余地。比如

---

① 参见最判 2006.3.30 民集 60.3.948。

② 即，日本民法第 709 条规定的权利以及非权利的利益之间的区别并不是固定不变的，侵权行为法的保护不断累积的话，某种利益也有可能成为权利得以保护，这就是所谓的"侵权行为法的权利创设功能"。

③ 关于日本公私法关系的讨论，民法学者的讨论参见［日］吉村良一《从民法角度看公法与私法的交错与互动》，张挺译，载《人大法律评论》2012 年第 2 卷，第 233 页以下；秋山靖浩「民法学における私法・公法の〈協働〉——生活環境の保全・形成の場面を素材にして」法社会学 66 号 37 頁以下等。

说，对于人格性利益说而言，这种利益到底是一种生活利益还是纯粹的人格利益就是一个不得不讨论的问题。而环境权说以及环境秩序说又不得不面对与现有法学理论的协调以及本身内容模糊不清的问题。

此外，在判例中也出现了景观利益的客观化趋势。也就是说，只有满足一定的条件，才可能承认这种利益的存在。比如说，对于眺望利益而言，其存在必须满足以下几个客观条件：第一，某场所的眺望利益必须是超越了个人主观感情而具有社会文化上的客观价值的一种利益。第二，根据享受眺望利益的人与该场所的关系程度以及过程等因素，这种眺望对于享受眺望的人必须具有重要的价值。① 应当说景观利益的情形同样需要满足这两个客观条件。

虽然法院认可了眺望利益和景观利益的要保护性，但是并不意味着法院认可以景观权或者眺望权为依据的侵害排除请求。比如对于景观权，法院认为"没有实体法上的根据。宪法第 13 条、第 15 条②并没有赋予国民直接的具体的权利。所谓的景观权的内容、权利的成立要件、权利主体的范围等都是不明确的。因此，本院难以认同景观权作为一种法律上的权利"。③

---

① 横滨地小田原支 2009.4.6 判时 2044.111。

② 本案中原告主张以宪法第 13 条和第 25 条为根据主张景观权的存在。

日本国宪法第 13 条：全体国民都作为个人而受到尊重。对于谋求生存、自由以及幸福的国民权利，只要不违反公共福利，在立法及其他国政上都必须受到最大的尊重。

第 25 条：全体国民都享有健康和文化的最低限度的生活的权利。

国家必须在生活的一切方面为提高和增进社会福利、社会保障以及公共卫生而努力。

③ 东京高判 2001.6.7 判时 1758.46。相同观点的除了上述国立景观诉讼最高法院判决（最判 2006.3.30 民集 60.3.948）之外，还有著名的京都佛教会案（京都地决 1992.8.6 判时 1432.1625）。该案概要如下：X（京都佛教会）是京都府普及发展佛教文化、保护历史文化环境，由各大寺院、宗教场所组成的社团法人。Y1 是酒店经营者，Y2 是本案京都宾馆的施工方。Y1 打算建造一幢高 60 米的宾馆，并得到京都市行政许可。X 认为此举将破坏古都京都的景观，对此开展反对运动。在经过若干次交涉无效之后，X 对 Y1 宣布，今后将劝告民众尤其是支持佛教会的民众不要入住 Y1 的所有宾馆。Y1 为了避免事态恶化，与 X 进行了协商，并在记者招待会上宣布延迟本案宾馆的建造，并重新考虑该宾馆计划。但是，此后 Y1 认为变更本计划在时间上是不可能的，重新开始了工程。于是，X 就以 Y1、Y2 为被告，以基于协议的债务不履行请求权或者宗教历史文化环境权（景观权）为保全权利，申请建筑工程临时处分。对于债务不履行权，以记者招待会上达成的建筑物不超过 45 米的协议为依据，对于景观权则以排他性的历史文化环境为依据。法院认为，X 与 Y1 之间达成的协议是 Y1 回避 X 的抵制的声明，并不能说 X 与 Y1 之间达成了不建造超过 45 米的建筑物的协议。对于景观权，法院认为这是最终需要通过民主程序制定法律加以规定的问题，驳回了侵害排除请求。

关于本案判例评论，参见樫见由美子・環境法判例百選（2004 年）164 頁以下。

一方面，与其他类型相比，景观利益诉讼中的侵害排除还有另外一个显著的特点，那就是有判例以侵权行为为根据支持侵害排除（乃至恢复原状）请求的。在判例中，除了认可特定区域内的居民具有享受良好景观利益的权利之外，认为这种景观利益是值得法律保护的，侵害这种利益在特定的场合属侵权行为，而作为侵权行为的效果则可以拆除阻碍景观的建筑物。① 此外，也有判例将景观利益理解为人格权的内容之一的。也就是说，"如果享受景观利益对于该地区居民的健全生活发挥了重要的作用的话，享受景观利益可以理解为人格权的内容"。②

另一方面，也有判例以物权为根据支持侵害排除的。③ 但是，也有判例明确否定以物权为根据的。比如说横滨地小田原支 2009.4.6 判时 2044.111 以"景观利益的法律性质是个人的人格利益或者生活利益的内容之一，其与物权并不相同"为理由，否定了物权根据。

最后，在景观诉讼中原告也多有以环境权（或者具体环境权）作为侵害排除根据的，但是法院基本上采用了上述几种污染类型中否定环境权的理由，不支持环境权根据。这里不赘言。

（三）侵害排除的要件以及判断基准·判断要素

虽然侵害眺望景观利益的案件中法律根据各有不同，但是并不意味着其具体的要件有多大不同。即，无论是采取何种根据，结果还是需要通过忍受限度论进行判断。综合考虑行为的性质样态、行为的必要性和相当性、行为人的意图目的、是否考虑到了回避加害的其他方法，以及受侵害利益的价值或者重要性、受害的程度范围、受害人当初是否应当预测到侵害行为等因素，比较衡量双方因素以决定是否支持侵害排除请求。④

1. 受害的认定

景观利益诉讼之所以难以支持侵害排除的最大理由在于受害认定的困

---

① 国立市景观诉讼第一审判决，东京地判 2002.12.18 判时 1829.36。
② 京都地判 2004.3.25（判例集未登载），参见高桥譲·最高裁判例解説（平成 18 年）441 頁。
③ 比如岐阜地决 1995.2.21 判时 1546.81 认为"一般来说，建筑物的建设工程侵害所有权等物权以及人格权，或者有被侵害的高度盖然性的情况下，受害人对于加害人可以请求排除该侵害行为"。
④ 参见东京高判 2001.6.7 判时 1758.46、岐阜地决 1995.2.21 判时 1546.81、横滨地小田原支 2009.4.6 判时 2044.111 等。

难性。如果出现健康方面的受害，当然以忍受限度为判断依据比较容易支持侵害排除，但是实际上很少有案件发展到这个程度。更多的情况是景观侵害只是带来了生活上的不利益，其本身也停留在一个抽象的层面，很难认为其超过了忍受限度。①

2. 是否违反公法规制

与日照通风阻碍一样，在眺望景观阻碍的判例中也特别重视是否违反了公法上的规制。在国立市景观诉讼最高法院判决中，最高法院指出："某种侵害行为违法侵害景观利益至少应该是一种违反刑罚法规或者行政法规的规制的行为，或者是违反了公序良俗或者属于权利滥用，且从行为样态以及程度层面上看，该侵害行为是欠缺社会所容忍的行为"，可见对公法上规制的重视。② 景观利益以及眺望利益的享受人本来就对于该自然风景或者人工物没有直接的管理权、所有权，这些利益本来就是一种所谓的"状况依存型利益"。③ 因此，是否违反了公法规制起到了一个防止轻易认可侵害排除的刹车作用。

六　忌讳设施

(一) 整体特征

这里所说"忌讳设施"主要指的是核电站、生化病毒研究所以及火葬场、殡仪馆等令人忌讳的设施。④ 虽然为了行文方便将这些设施统称为"忌讳设施"，但是其实这些忌讳设施还可以分为两类。第一类是像核电站、生化设施、病毒研究所等一旦陷入危险境地便极可能造成重大生命健康受害的"现实型忌讳设施"。第二类是像火葬场、殡仪馆等不可能因其忌讳性质直接侵害生命健康的类型，最多也就是使人生厌，可以称为"主观性忌讳设施"。

(二) 现实型忌讳设施

现实型忌讳设施指的是一旦发生紧急情况，便可能给生命健康造成重大侵害的忌讳设施。这种类型在案件中成为争论的主要是核电站、生化研

---

① 参见东京地判 2001.6.7 判时 1758.46。

② 参见最判 2006.3.30 民集 60.3.948。相同意见见东京地判 2007.10.23 判 T1285.176。

③ 参见横滨地小田原支 2009.4.6 判时 2044.111。

④ 实际上废弃物处理场也是一种忌讳设施。但是由于废弃物处理场的问题主要是水质污染的问题，故将其放在水质污染部分中处理。

究所等带有危险性的研究所。关于这种类型的侵害排除诉讼也有不少。其中，有关于核电站的包括：高滨核电站侵害排除诉讼（大阪地判 1993.12.24 判时 1480.17）、女川核电站侵害排除诉讼（第一审仙台地判 1994.1.31 判时 1482.3、上诉审仙台高判 1999.3.31 判时 1680.46、最高法院审最决 2000.12.19LEX 文献号码 28060382）、福井核电站侵害排除诉讼（福井地判 2000.3.22 判时 1727.77）、志贺核电站建设排除诉讼（第一审金泽地判 1994.8.25 判时 1515.3、上诉审名古屋高金泽支判 1998.9.9 判时 1656.37）、泊核电站侵害排除诉讼（札幌地判 1999.2.22 判时 1676.3）、志贺核电站运行排除诉讼（第一审金泽地判 2006.3.24 判 T1277.317、控诉审名古屋高金泽支判 2009.3.16 判 T1307.187、最高法院审最决 2010.10.28LEX 文献号码 25464238）。此外，关于生化设施的诉讼有"P4 实验室诉讼"（水户地土浦支判 1993.6.15 判时 1467.5）、国立传染病研究所侵害排除诉讼（东京地判 2001.3.27 判时 1767.51）等。

从结果上来看，在现实型忌讳设施案件中，虽然其与生命健康的受害可能性紧密关联，但是除了唯一的例外（志贺核电站运营侵害排除诉讼第一审），几乎所有的判例都否定了侵害排除请求。

1. 侵害排除的根据

一方面，无论是核电站还是生化设施，由于这些设施与生命健康的侵害存在可能性，因此以人格权为根据请求侵害排除几乎是没有异议的。[①]

另一方面，有不少原告提出了环境权根据的主张。与其他类型中一边倒的排斥环境权有所不同，对此法院的态度是有所差异的。有的判例明确否定环境权，有法院认为"该权利没有实体法上的根据，而且环境是一般国民所共同享有的权利，因此其性质并不是个人排他性支配的私法上的权利。此外，环境权的内容以及相关要件也是不明确的。因此，环境权作为一种实体法上的独立的权利是难以作为侵害排除的根据的"。[②] 也有判

① 比如高滨核电站侵害排除诉讼中引用了北方月报事件的最高法院判决（最判 1986.6.11 民集 40.4.872），指出"以生命、身体、自由等整体为内容的人格权是法律上的一种权利。如果是侵害了人格权自不必言，即便这种侵害没有现实化，如果暴露在这种侵害之下的话，对这种侵害或者侵害危险的原因的责任人，可以请求排除侵害，或者事先排除侵害的危险原因"。女川、福井等核电站侵害排除诉讼也基本上是这个观点。此外，在国立传染病研究所以及 P4 实验室诉讼中，也是以人格权或者平稳生活权为根据的。

② 参见福井、志贺核电站侵害排除诉讼，这些判例明确否定了环境权根据。

例并没有明显表示出拒绝环境权的态度，而是采取了相对缓和的态度。比如说，女川核电站侵害排除诉讼第一审判决指出"虽然正如被告所指，原告提出的环境权没有实体法上的明文根据，但是根据具体个案，权利主体的权利人的范围、权利对象的环境范围以及权利的内容等内涵未必是不明确的。在民事诉讼法上，本案中根据环境权的请求具有作为民事裁判审查对象的适格性"，而且"在认定是否支持原告根据环境权提出侵害排除请求之时，需要考虑本案核电站的运营或者建设是否给原告的环境造成了充分的危险，这点与基于人格权的情况基本上是相同的"。可见，该判决并没有明确否定以环境权为根据的请求。泊核电站侵害排除诉讼基本上也是沿袭女川核电站侵害排除诉讼第一审判决的观点，认为没有必要急于否定环境权作为侵害赔偿请求的根据。这些判例都承认环境权具有作为民事诉讼法上的审查对象的合法性。在此基础上，这些判决认为应该根据具体情况探讨环境权是否是实体法上的请求，同时指出基于环境权的请求与基于人格权的请求是相同的。① 虽然核电站侵害排除诉讼中出现的对于环境权的善意的理由目前还还不清楚，而且今后的发展趋势也不易把握，但是即便将环境权作为侵害排除的法律根据，结果还是需要是以侵害身体健康的危险性为前提的。因此，基于环境权的侵害排除请求权和基于人格权的侵害排除请求权的相似性观点可以给我们一些全新的启示。只是，法院认为还需要对环境权是否是实体法上可以认可的权利做进一步探讨，因此这种判断也难说法院正面认可了环境权的存在，而是说法院保留了一定的回旋余地。②

2. 侵害排除的要件以及判断基准・判断要素

核电站以及生化研究所等设施一旦发生事故，将可能造成重大的受害。因此，有必要对这种设施进行更为严谨的判断。但是，正如前文所述，对这些设施提起的侵害排除诉讼几乎都被法院否定了。其理由为何呢？

首先，法院对于侵害排除设置了如下严格的前提条件。即，为了保护侵害排除对象一方的自由，一般来说，法院支持侵害排除请求的前提条件

① 相同意见的见牛山積编集代表『大系環境公害判例5原子力』（旬報社，2001年）133頁（首藤重幸、村田公輝執筆）。

② 参见山本浩美「判批」判例タイムズ1062号（2001年）165頁。

是"这种侵害造成的受害危险程度是迫切的，且该侵害可能导致难以恢复的重大损害，这种损害还远远超过相对方承受的不利益，而且没有其他代替手段，且侵害排除是唯一最终的手段"。① 可见，法院将侵害排除定位为一种最后的手段。基于这种考虑，多数判例难以认定具体危险性的存在②，也就难以支持原告的侵害排除请求了。③ 其次，与此相对，此类问题判决中有唯一一个判例支持了原告的侵害排除请求，理由在于法院重视核电站对生命健康的影响，认可了具体危险性。具体来说，在志贺核电站运营侵害排除诉讼第一审判决中，法院认为"因本案中核电站的运营，本案核电站具有使周边居民遭受超过容忍限度的放射线照射的具体危险性"，而且"发生超过被告预料的地震从而发生核电站事故，放出超过容忍限度的放射性物质之时，将会对周边居民的生命、身体、健康产生严重的恶劣影响。因此，其对周边居民人格权的侵害的具体危险性已经超过了忍受限度"。该判决对于受害（尤其是生命健康的受害）因素给予了特别的重视，支持了原告的侵害排除请求。本判决之所以做出支持的意见最大理由恐怕在于在具体危险性的证明上采取了一定程度的推定。即，对于具体危险性的证明，法院认为从公平角度来看，原告想要证明"被告的安全设计、安全管理方法等存在漏洞，本案核电站运营造成原告被辐射了超过忍受限度的放射线的情况下，被告应该尽到以下义务，即提出具体的根据及必要的材料反证原告提出的'超过忍受限度的放射线辐射的具体危险性'并不存在。如果不能证明的话，那么就应该推定存在上述'超过忍受限度的放射线辐射的具体危险性'"。

（三）主观型忌讳设施

主观型忌讳设施主要指的是像殡仪馆等在居民周围可能引起忌讳的设施。这些设施几乎是不可能给居民造成现实的生命、身体侵害的，但是也不能否定其可能侵害精神性情感。此外，忌讳长期积累在内心造成压力或

① 高滨核电站侵害排除诉讼判决。相同意见参见国立传染病研究所侵害排除诉讼。
② 之所以否定侵害排除请求有个重要的原因在于"具体危险"的证明责任问题。为了证明存在具体的危险，原告必须证明"（1）本案核电站的运营造成了核放射或者核泄漏，（2）本案核电站在平常运营中或者地震等异常事态发生时，存在向外排出放射线或者放射性物质的具体可能性，（3）向外部排出的放射线或者放射性物质造成被告被照射存在具体可能性"（志贺核电站运营侵害排除诉讼上诉审判决）。
③ 高滨、女川核电站侵害排除诉讼等。

者恐怖，也可能给健康带来损害。法院认可这种与人的内心静谧的感情相关的利益的要保护性，也对这种危险或者不安造成生活利益的侵害没有异议。

1. 侵害排除的根据

在有关主观型忌讳设施的判例中，几乎都是以人格权为根据请求侵害排除的。但是，火葬场、殡仪馆等忌讳设施造成的侵害与直接侵害生命身体是完全不同的，想要证明对身体造成确实性的侵害是极其困难的。因此，判例中采用了作为具体人格权的平稳生活权。法院认为，像宗教感情一般的主观内心的平稳是一种人格权或者人格性利益，可以成为侵害排除请求权的根据。① 也就是说，"人具有不被自己所不欲的刺激扰乱内心而生活的利益，即所谓的平稳生活的利益。作为人格权或者人格利益的内容之一，这种利益可以成为侵害排除请求权的根据"。② 与上文废弃物处理场中的"平稳生活权"有所不同的是，这里所说的"平稳生活权"是一种与精神平稳相关的利益。

2. 侵害排除的要件以及判断基准·判断要素

在主观型忌讳设施的判例中，忍受限度的考虑也是不可避免的。与其他类型相比，主观型忌讳设施的忍受限度的因素并没有什么特别的。③ 原则上，在不至于侵害生命身体的主观性设施的场合，侵害行为的样态是被特别重视的。比如在京都殡仪馆案的最高法院判决中，最高法院认为"本案中被告以最快的速度最短的时间内搬入搬出棺材，而且本案殡仪馆的建筑以及营业本身并没有违反行政法规的规制。此外，上诉人在建设本殡仪馆建筑物之时也多次向当地居民进行了说明，也考虑了当地自治会提出的要求，设置了遮挡板，在入口处也采取了防音防臭等措施"。④ 法院考虑了公法规制的遵守以及防治措施的采用两方面因素，没有支持侵害排

---

① 参见渡邊知行「判批」判例評論 628 号（2011 年）156 頁。

② 参见京都殡仪馆上诉审判决大阪高判 2009.6.30（判例集未登载）。

③ 比如说在关于火葬场施工侵害排除的东京高判 1992.3.30 判决时报 43.1—12.36 中指出的"请求人以人格权请求请求停止本案施工的进行，但是在判断其请求是否合理之时，应该综合考虑本案火葬场建设可能导致的受害、受侵害利益的性质内容、本案施工侵害行为的样态以及侵害程度、本案施工的公益性内容以及程度、本案施工开始后的经过、是否采取了防治措施及其内容和效果等因素判断本案施工是否超过了忍受限度"。

④ 参见最判 2010.6.29 判时 2089.74。

除请求。

第三节 小结

本章主要是根据环境纠纷类型分别分析了昭和60年代（1985年）以后的环境侵害排除的判例中的根据以及要件乃至判断基准、判断要素。下面，总结本章关于日本环境侵害排除判例的整体特征。

首先，与之前相比，昭和60年代（1985年）之后关于侵害排除请求的合法性问题，法院的态度已经缓和了不少。在著名的大阪国际机场最高法院判决之后的环境诉讼，尤其是涉及公共交通设施的侵害排除诉讼中，在进入案件的实质审理之前，多因侵害排除不合法而被法院驳回。由此，日本环境诉讼也进入了所谓"冷冬时代"。① 但是，昭和60年代（1985年）之后，以西淀川第2—4次诉讼为代表，抽象侵害排除请求不合法论已经不是问题了。此外，在关于大气污染公害诉讼的尼崎公害诉讼判决以及名古屋南部公害诉讼中，法院甚至支持了原告提出的侵害排除请求。可以说，这种变化将对未来的侵害排除论产生巨大的影响。

其次来看环境侵害排除诉讼的判例中采用了什么根据。整体上来看，有相当多的判例中并没有明确表明侵害排除的根据。然而，在已经表明立场的判例中，人格权（包括具体人格权）根据是占压倒性多数的。此外，也有判例是以物权请求权、侵权行为甚至权利滥用为根据而判断侵害排除的，但这些只能说是其中的极少数例外。此外，虽然在核电站诉讼中法院对环境权根据采取了相当善意的态度（没有明确否定其合理性），但是到目前为止没有一个判例是明确支持环境权根据的。当然，法院虽然采用了人格权根据，且认可人格权的排他性效力，但是结果还是要考虑各种要素才能判断是否支持侵害排除请求。最后，值得注意的是，法院采取何种法律根据与是否支持侵害排除请求未必有紧密的关联。也就是说，即便采取了人格权根据，也并不意味着提高了认可侵害排除请求的可能性。另外，采取物权请求权或者侵权行为也可能支持侵害排除请求。总而言之，无论采取何种法律根据，侵害排除的支持与否的问题取决于是否存在认可侵害

---

① 参见吉村良一『環境法の現代的課題——公私協働の視点から』（有斐閣，2011年）193頁。

排除的危险性的问题。

再次，对于环境侵害排除判例中依据什么要件判断是否支持侵害排除请求，哪些要素受到特别重视的问题，总结如下。对于公害环境诉讼中侵害排除请求的判断，即使包括依据各种绝对权的相关判例，忍受限度的考量占据了重要的地位，即只有超过了应当忍受的限度才可能支持侵害排除请求。至于判断这种忍受限度的要素，主要包括：①加害的种类和程度，②侵害行为的样态（开始、经过以及状态），③是否违反了公法上的规制，④公共性，⑤地域性，⑥是否采取了防治措施以及努力程度，⑦先后居住关系，⑧加害人的程序瑕疵，⑨因侵害排除而致使加害人牺牲的利益与不支持侵害排除致使受害人受到的损失之间的比较衡量等。这些考量因素与昭和 60 年代（1985 年以后）之前的判例相比①，并没有多大的不同。必须注意的是，在环境侵害排除诉讼中，最重要的因素在于受害的种类以及程度。在环境侵害排除诉讼中，受害的种类可以大致分为两种情况：侵害生命身体利益的情况和侵害除此之外的人格利益以及主观感情利益的情况。在侵害生命身体的情况下，法院尤其重视生命健康利益，一般不考虑其他因素便可认可侵害排除请求。而在侵害除此之外的人格利益的情况下，法院一般是依据忍受限度论进行综合判断，侵害利益不过是其中一个要素而已。最后，在侵害主观感情的情况下，法院虽然也承认利益的要保护性，但是必须存在具体的利益受到侵害的前提条件，且实务中具体利益受到侵害是很难认定的。相反，如果法院不认为存在利益侵害的话，一般无须考虑其他要素便可以驳回诉讼请求。可见，根据受害类型的不同，侵害排除的要件以及判断基准是有差异的。但是也必须承认对于这些利益，根据不同情形有时是难以明确区分相互之间的界限的。

最后，总结一下忍受限度判断中的几个重要因素。首先是关于公共性。在过去的侵害排除诉讼，尤其是大型公共交通设施的侵害排除诉讼中，几乎都是以加害行为的公共性为实质理由而否定侵害排除请求的。随后，以尼崎大气污染公害诉讼和名古屋南部大气污染诉讼为契机，这种公共性的严格限制也开始大幅缓和了。理由是人们开始警惕对于公共性作用的过高评价以及对受害情况进行总量评价。由此，公共性变成了忍受限度

---

① 关于昭和 60 年代（1985 年以后）之前的状态，参见大塚直「生活妨害の差止に関する裁判例の分析（4）」判例タイムズ650 号（1988 年）36 頁。

判断中一个要素，尤其是在生命身体受到侵害的情况下，公共性的作用受到了严格的限制。其次，关于加害行为是否违反环境基准以及其他公法性规制。与昭和 60 年代以前的判例相比，噪声、大气污染以及日照阴影等公法已经完善了不少，是否违反公法规制渐渐受到了重视。尤其是在日照妨害、景观妨害以及一般的民间纠纷案件中经常可以看到这个要素受到法院的特别重视。但是，公法规制以及环境基准等受到重视的程度在不同的案件未必相同。态度分为三类：①违反公法规制原则上被视为超过忍受限度，②将其视作判断忍受限度的一个因素而已，③不重视是否违反公法规制。最后，关于侵害行为是否存在程序瑕疵以及是否采取了防治措施，虽然学说上对此相当重视，但是判例中也仅仅将其作为忍受限度的一个要素，并没有特别单独论述其重要性。更何况并没有判例仅以程序瑕疵或者不采取防治措施为理由而认可侵害排除请求的。

第 四 章
中国环境侵权中的"侵害排除论"

　　日本法中无论是在民法还是在环境关联法律中，并没有关于环境侵害排除的明文规定。因此，一方面，如前章所言，围绕侵害排除的法律根据展开了各种争论和探讨。另一方面，如果观察一下环境侵害排除之外的民法一般理论的话，日本法或许已经对这个问题有所探讨了。首先，在侵权行为法中，原则上金钱赔偿是主要的法律效果，另外也有关于恢复原状的规定。[1] 其次，日本民法虽然没有明文规定物权请求权，但是规定了作为物权种类之一的占有权的占有诉权，以及民法第 202 条也是以物权请求权的存在为前提的，可见日本民法规定了物权请求权的内容。此外，判例和学说都对于作为物权请求权内容的返还请求权、妨害排除请求权以及妨害预防请求权的存在没有异议。最后，作为侵权行为效果的损害赔偿与物权请求权之间虽然存在明显的区别，但是也有以下关联之处。[2] 第一，正如大塚直教授所指，两者之间的区别在某种程度上是相对的。第二，日本民法学界对于物权请求权是一种行为请求权还是一种容忍请求权历来是存在争议的。[3] 其中也存在一种叫作责任说的学说。即，责任说认为在物权请求权里也已经包含了责任这种类似于民事责任的概念在内了。具体来说，

---

　　① 比如，在名誉毁损的情况下就认可恢复原状（日本民法第 723 条）。

　　② 参见大塚直「人格権に基づく差止請求——他の構成による差止請求との関係を中心として」民商法雑誌 116 巻 4—5 号（1997 年）514 頁以下。

　　③ 该争论的焦点在于，物权请求权到底是为了恢复物权的本来状态而请求对方积极行为的权利（行为请求权），还是请求对方容忍自己恢复行为的权利（容忍请求权）。判例和旧通说支持行为请求权说（除了不可抗力的情形），而学说则可以分为纯物权说、责任说和通说修正说。纯物权说认为物权请求权不过是物权的一种功效，是人追及物的效力，并不是对人的效力。责任说认为责任（过失）是物权请求权要素之一。而通说修正说基本维持了旧通说的观点，区分原则和例外（如衣物或者气球飞到邻居家，或者树木倒倒至邻居家等，此时物权请求权理解为容忍请求权）。参见舟船淳一编《注释民法 6 物权（1）》（有斐閣，1967 年），69—74 頁（好美清光执笔）。

责任说认为对于物权的客观违法的反射与对特定人的责任是不同的，后者需要根据具体情况规定归责条件。[1] 最后，日本的知识产权相关法律中已经有侵害排除的明文规定了。[2]

与此相对，中国很早便在民法中明文规定了侵害排除。即，《民法通则》以及之后的侵权责任，都在侵权行为的责任方式中规定了"停止侵害、排除妨碍、消除危险"三种方式。此外，正如下文所述，在环境法关联的法律中也已经有侵害排除的条文了。如此，中国就存在民法（《民法通则》、《侵权责任法》）中的"停止侵害、排除妨碍、消除危险"与环境法中的侵害排除双层构造了。但是，民法中的责任方式的"停止侵害、排除妨碍、消除危险"三者之间的关系，以及这些与物权法中物权请求权的关系，存在各种不同的看法。还有，环境法中的侵害排除规定与民法责任方式中的侵害排除规定到底是何关系也有相关议论。本章将以上一章日本法的比较研究为基础，介绍和讨论中国法的相关议论。具体来说，首先在上述分析的基础上，总结出日本法对中国法的启示意义，并指出中国法研究的课题（第一节）。其次，在整理民法中关于侵害排除请求权的立法经过的基础上，研究侵害排除请求权的性质，尤其是其与物权请求权为代表的绝对权请求权的关系（第二节）。接下来，介绍中国环境法中侵害排除的概况，尤其是侵害排除的根据及其要件（第三节）。在此基础上，将中国法的相关讨论与上一章中的日本法的情况进行比较（第四节）。

第一节　日本法的启示与中国法研究的课题

在上一章中，本书探讨了日本关于环境侵害排除的有关学说和判例。简单总结一下的话，学说上，最近关于侵害排除的根据的争论又开始在学界泛起，但是基本面上二元说或者二元结构仍然是侵害排除要件的最有力的学说。与此相对，在判例中，关于侵害排除的根据，法院压倒性多数地选择了人格权依据，而关于侵害排除的要件以及判断基准，则多采用忍受

---

[1]　关于责任说，参见川岛武宜「物権的請求権に於ける『支配権』と『責任』の分化（1）」法学協会雑誌 55 巻 6 号（1937 年）25 頁以下。

[2]　如日本著作权法第 112 条等。

限度论。由此可见，学说和判例之间似乎存在一定的差别。但是，仔细分析学说和判例之间的区别的话，便可以发现两者之间的差异并没有想象中那么大。这是因为在判例中也出现了学说中所主张的二层结构。也就是说，在环境诉讼中，虽然多数判例采用了人格权依据，但是并不意味着仅仅认定人格权侵害便可以支持侵害排除请求，而是需要同时考虑其他多重要素才可以判断是否支持侵害排除请求。此外，在侵害排除的判断基准方面虽然难以排除忍受限度论的影响，但是在判断忍受限度之时，受害的种类和程度是特别受到重视的。加之，在受害的种类方面，可以分为生命身体利益和除此之外的利益，根据受害的类型，侵害排除的要件和判断要素也是不同的。如果这样理解侵害排除的法理的话，那么可以说判例和学说之间并没有重大的差异。当然，判例和学说在具体的判断要素上，对不同的要素的重视程度是有所不同的。比如，比起学说，判例中就更加重视公共性的作用。但是，这种差异也随着尼崎大气污染公害诉讼以及名古屋南部大气污染诉讼得到大幅缓和，判例的大趋势也是将公共性仅仅作为忍受限度判断的一个要素来对待。

对于环境侵害排除论而言，上述二层构造的课题之一便是以何种基准区分生命身体利益和除此之外的利益的问题。首先，由于二元说特别重视生命身体利益的保护，由此生命身体利益与除此之外的利益的区分就尤为重要了。生命身体利益是一个相对明确的概念，但是现实生活中到何种程度才是身体侵害，何种程度是精神侵害，有时其界限并不明了。因此，确定生命身体等绝对性利益的范围是摆在面前的第一个课题。其次，还需要再次检讨所谓的"忍受限度论"。在判断侵害排除之可否的判例中，法院往往遍数众多判断要素，但是对于何种程度上重视何种要素是不明确的。在判断侵害排除之时，即便需要通过忍受限度来判断，也有必要进一步明确其判断基准。尤其是，对其中的公共性等要素，还有必要进一步探讨。

最后，基于以上对日本法相关课题的分析，笔者认为日本法对于中国环境侵害排除论而言具有以下几点启示。

第一，关于侵害排除的根据，日本的二元说（将侵害排除的根据分为两种情况，权利侵害的情况和除此之外的利益侵害的情况）有其可鉴之处。虽然日本学界也还有坚持一元说的学者，但是正如上文分析，从侵害排除的实际判断上来看，还是需要借助二元化的判断框架，尤其是在判断基准上，需要区分重要的权利或者利益以及除此之外的利益的两种情况。可见，二元说是日本侵害排除论的理论到达点。正如前文所述，其理由在于，在公害环境污染的场合下，一方面需要戒备权利意义的稀释，另一方面需要考虑受害的多样性和复杂性。可以通过二元说，一方面坚持权利的意义，另一方面可以保护还没达到权利的利益。两方面的需求决定了二元说在日本的主流地位。在这点上，笔者认为中国法在讨论侵害排除的性质以及判断基准之时，二元说值得参考。

第二，日本法启示之二在于权利衡量论（忍受限度论）及其限制。正如本章下文所分析，在中国环境侵害排除论中，利益衡量论的必要性也是经常被提及的，但是利益衡量论的内容不见得是明确的，而仅仅停留在了理念层面。而在中国的司法实务中，更不见利益衡量的相关要素以及方法的说明。因此，日本判例中关于利益衡量的相关观点对中国法而言具有借鉴意义。此外，日本法更具有启示意义的一点是对于利益衡量的限制以及明确其内容。根据日本法的经验，如果采取毫无限制的利益衡量或者忍受限度论的话，便会出现轻视人的生命健康等利益的倾向。也就是说，即使生命健康等利益受到侵害，也会考虑到公共性等其他要素而否定侵害排除请求。但是，以名古屋南部大气污染诉讼和尼崎大气污染诉讼判决为代表，开始出现了新趋势：法院更加重视生命身体等核心权利，这些权利受到侵害之时严格限制利益衡量转而支持侵害排除请求。这种对侵害生命身体等核心利益之时的利益衡量的限制，对于当下环境污染日益严重、经济优先思维顽固情境下的中国来说，更具有重大的启示意义。

第三，日本法的第三点启示是，在环境公害污染的情况下，侵害排除的根据论虽然对于要件乃至判断基准产生影响，但是侵害排除的要件乃至判断基准未必是从法的根据论中直接推导出来的，有必要对要件论进行独自的讨论。日本的学说很早便开始强调侵害排除的要件论的重要性，然而判例中却有许多不谈及侵害排除的根据而直接判断是否支持侵害排除的请求。此外，在日本的相关讨论中，在考虑判断基准之时，被侵害利益的种类和程度（受害评价）往往是最为重视的。

基于上述日本法的启示，笔者认为在探讨中国的环境侵害排除论之时，至少需要考虑到以下几个课题。第一，需要明确环境侵害排除请求权的法律性质以及法理上的根据。对于这个问题，中国的相关学说已经有所积累，但是正如序章所言，侵害排除请求权是基于绝对权请求权还是作为侵权行为的责任方式的争论还在继续。关于侵害排除性质的讨论，即，侵害排除与侵权行为中的恢复原状的关系，本书将参考日本的相关讨论。第二，作为本书讨论的出发点，中国法应该根据什么要件以及判断基准判断中国法中所说的"停止侵害、排除妨碍、消除危险"，以及应该考虑哪些要素呢？这可以说是中国法的最大课题之一。关于这点，日本法中环境侵害排除的判断基准的相关经验在多大程度上可以为中国法所借鉴也是一个不得不讨论的课题。此外，中国的学说虽然有不少主张利益衡量论（或者忍受限度论）的，但是以何种基准进行利益衡量却不尽明确。因此，第四章将以日本的学说为参考，探讨利益衡量论的内容以及限制的方法。

第二节　中国民法中的侵害排除请求权

一　立法谱系

正如本章序言所指，在中国围绕侵权行为的责任方式是否仅限于损害赔偿这个问题一直是有争论的。特别是自《民法通则》以来，作为传统的物权救济方式的妨害排除请求权、妨害预防请求权以及返还原物请求权等是否是侵权行为的责任方式之一，一直是民法学最大的课题之一。这个问题之所以重要是因为这个问题不仅涉及物权以及侵权责任的救济及其要件的问题，还直接关系到中国将来制定的民法典的体系，即，侵权责任是作为债法的一部分（债法分论）还是独立成编。① 对于这个问题的意见，中国民法学界存在严重对立，目前这种对立也不见收敛，估计争论还将持续。

在这里，首先就立法层面整理一下围绕"侵害排除"而产生的争论的谱系。中国的立法中，一般将"停止侵害、排除妨碍、消除危险"视作民事责任的承担方式，而且三者作为组合多并列规定在一起。从传统大陆法系请求权的角度来看，中国法上的"排除妨碍"相当于德国法上的妨害排除请求权，而"消除危险"相当于德国法上的妨害预防请求权。同时，中国法上的"停止侵害"在传统大陆法系中并没有完全对应的概念。实际上，在中国法上三者也并不是从一开始就是并列规定的。在中华

① 参见王轶《论侵权责任承担方式》，《中国人民大学学报》2009 年第 3 期，第 15 页（收录于王轶《民法原理与民法学方法》，法律出版社 2009 年版）。

人民共和国成立后第一部民法典草案（1956 年）的所有权编中，使用了妨害排除请求权、妨害预防请求权以及返还原物请求权的相关用语，而并没有出现"停止侵害"一词。比如草案第 54 条规定："所有人的财产受到不法占有或侵害时，所有人有权请求返还，或者请求赔偿相当于原有财产的价值；所有人行使所有权受到妨害时，有权请求排除；所有人行使所有权有受到妨害的可能时，有权请求防止。"这里并没有出现"停止侵害"。① 停止侵害本来是规定在知识产权以及人格权保护的相关法律中的，并不出现在物权保护的相关条文中。

在 1981 年民法典草案第一稿中，有个很有趣的事情是第五编损害责任中专门设置了"第一章损害的预防"这样一章。该草案第 441 条规定"公民和法人面临遭受损害严重危险的时候，有权要求造成危险的一方或者有关单位消除危险；必要的时候，还可以请求公安、司法机关给予保护"。② 而到了 1981 年民法典草案第三稿中"停止侵害、排除妨碍、消除危险"首次作为民事责任的承担方式被规定在了一起。即，该草案第 486 条规定："承担责任的范围和方法，包括：（一）责令排除妨碍、停止侵害、消除危险；（二）责令返还原物；（三）责令恢复原状……"③

1981 年民法典草案第三稿的立法形式在接下来的 1986 年的《民法通则》被正式确立。即，《民法通则》第六章民事责任的第四节承担民事责任的方式中，第 134 条规定了侵害排除的立法基调：承担民事责任的方式主要有：（一）停止侵害；（二）排除妨碍；（三）消除危险；（四）返还财产；（五）恢复原状；（六）修理、重作、更换；（七）赔偿损失；（八）支付违约金；（九）消除影响、恢复名誉；（十）赔礼道歉。以上承担民事责任的方式，可以单独适用，也可以合并适用。

如此，民事立法中设置"民事责任"一章，统一规定几种责任承担

---

① 参见何勤华等编《新中国民法典草案总览（上卷）》，法律出版社 2003 年版，第 62 页。该条规定在 1956 年民法典草案所有权编的第二稿到第七稿几乎原封不动地得到了保持。只是，返还财产与排除妨害、预防妨害分成两条规定了（该书第 79、85—86、93、146、161 页等）。

② 条文参见何勤华等编《新中国民法典草案总览（下卷）》，法律出版社 2003 年版，第 427 页。该条规定为 1981 年民法典草案第二稿所继承（见第四编侵权行为损害赔偿责任第一章一般规定第 338 条，该书第 481 页）。

③ 条文参见何勤华等编《新中国民法典草案总览（下卷）》，法律出版社 2003 年版，第 556—557 页。同时参见张谷《作为救济法的侵权法，也是自由保障法——对〈中华人民共和国侵权责任法〉（草案）〉的几点意见》，《暨南学报》2009 年第 2 期，第 20、22 页。

方式的立法例可以说是中国民法的特色之一。有学者对这种立法例给予了高度的评价。比如梁慧星教授认为《民法通则》严格区分了民事义务和民事责任，进一步统一了责任法。即，梁教授认为，《民法通则》第六章第一节（民事责任的一般规定）和第二节（违反合同的民事责任）以及第三节（侵权的民事责任）的相关规定在整体上创设了统一的民事责任制度，并认为这是中国《民法通则》的首创。① 但是，《民法通则》中并没有规定有关承担方式的适用要件②，因此"停止侵害、排除妨碍、消除危险"不仅仅适用于物权侵害的情况，还是侵权行为的责任承当方式之一。将三者视作侵权行为的责任承当方式的立法例受到了多方面的批判，这种立法例也成为《民法通则》颁布之后关于绝对权请求权与侵权行为的责任承当方式之间关系的长期争论的导火线。

正如上文所述，《民法通则》之前，"排除妨碍；消除危险"适用于所有权保护的场合，而"停止侵害"则适用于知识产权和人格权保护的场合。③ 但是，《民法通则》颁布之后，便出现了下述疑惑：停止侵害是否也可以在保护物权的场合中适用？排除妨碍、消除危险在知识产权和人格权等物权之外的绝对权保护的情况中是否也适用？一部分学者认为，从传统的物权请求权的观点来看，"排除妨碍；消除危险"应当仅限于物权保护的情况下才可以适用。但是也有学者认为"停止侵害、排除妨碍、消除危险"在性质上是一样的，没有必要将其适用范围仅仅限于财产权的保护。④ 可见，在早期制定《民法通则》之际，便没有厘清这三个概念的范围以及适用要件，这种争论自然也就延续到了今日。

---

① 参见梁慧星《民法总论（第三版）》，法律出版社 2007 年版，第 85 页。

② 在最高法院的司法解释［《关于贯彻执行〈中华人民共和国《民法通则》〉若干问题的意见（试行）》］中对这个问题也没有详细说明，只是在第 162 条："在诉讼中遇有需要停止侵害、排除妨碍、消除危险的情况时，人民法院可以根据当事人的申请或者依职权先行作出裁定"进行了模糊不清的说明。

③ 《民法通则》之后制定的关于知识产权保护的法律，如《专利法》第 61 条、《著作权法》第 57 条，也规定了侵害排除的相关内容。这些法律里并不并列规定"停止侵害；排除妨碍；消除危险"三种，而只是规定一种"停止侵害"。

④ 关于《民法通则》之后学说争论的概况，参见张谷《作为救济法的侵权法，也是自由保障法——对〈中华人民共和国《侵权责任法》（草案）〉的几点意见》，《暨南学报》2009 年第 2 期，第 20 页。

其次，进入 21 世纪以来，有关"停止侵害、排除妨碍、消除危险"性质的争论再次为民法学界所重视。2007 年制定的物权法在其第三章专门设置了"物权的保护方法"一章。其中，第 35 条规定："妨害物权或者可能妨害物权的，权利人可以请求排除妨害或者消除危险。"可以说这是典型的德国法上的物权请求权的内容，在这里也没有出现"停止侵害"的表述。但是，值得注意的是，该法第 37 条规定"侵害物权，造成权利人损害的，权利人可以请求损害赔偿，也可以请求承担其他民事责任"。也就是说，在物权侵害的情况下，中国法律提供了物权请求权的物权救济和损害赔偿的债权救济两种救济方法。两种物权保护方法的并存就对下述问题产生了深刻的影响，即侵害排除是物权救济的手段，还是侵权行为的责任承当方式之一？①

围绕侵害排除的性质论，在《侵权责任法》制定前后达到了讨论的高潮。首先来看一下 2009 年制定的《侵权责任法》中有关侵害排除的相关规定。可以说，《侵权责任法》第 15 条基本上继承了《民法通则》第 134 条的规定。② 即，作为侵权行为的责任承当方式，侵害排除是与损害赔偿并列规定在一起。除此之外，该法第 21 条规定："侵权行为危及他人人身、财产安全的，被侵权人可以请求侵权人承担停止侵害、排除妨碍、消除危险等侵权责任。"根据立法者的意见，本条的目的在于防止损害结果的扩大，保护受害人的合法利益。此外，这里的"危及他人人身、财产安全"必须满足以下三个要件。第一，侵害行为已经实行且正在持续而没有结束。第二，侵害行为已经有可能危及受害人的人身、财产的安全。第三，危害是因为侵害行为造成的，而不是自然力。③ 根据立法者的说明，《侵权责任法》第 21 条可以理解为关于侵害排除请求

---

① 关于中国《物权法》和《侵权责任法》的交错，可以参见朱曄「中国物権法と侵権責任法（不法行為法）との錯綜——救済措置から見た現状」静岡法務雑誌 4 号（2012 年）37 頁以下，特别是第 43 頁以下。

② 《侵权责任法》第 15 条：承担侵权责任的方式主要有：（一）停止侵害；（二）排除妨碍；（三）消除危险；（四）返还财产；（五）恢复原状；（六）赔偿损失；（七）赔礼道歉；（八）消除影响、恢复名誉。

以上承担侵权责任的方式，可以单独适用，也可以合并适用。

③ 参见王胜明编《中华人民共和国〈侵权责任法〉释义》，法律出版社 2010 年版，第 105 页；全国人民代表大会常务委员会法制工作委员会民法室《中华人民共和国〈侵权责任法〉解读》，中国法制出版社 2010 年版，第 95 页等。

权的根据。[1]

二　中国民法中侵害排除的位置

（一）序言

首先来看"停止侵害、排除妨碍、消除危险"各自的含义。一般来说，停止侵害指的是加害人的侵害行为还在持续之际，受害人请求停止该行为的方式。[2] 排除妨碍指的是因加害人实施的行为致使他人难以正常行使其人身财产利益之时，受害人可以请求行为人排除该妨害行为的方式。[3] 消除危险指的是加害人的加害行为，抑或该行为导致的后果，或者加害人所支配的物件危及或者可能危及他人的人身或者财产安全之时，受害人有权请求行为人采取适当的措施消除这种危险的方式。[4] 从逻辑上来说，这三者之间就救济的内容而言存在重叠，在实务运用中也是经常交叉适用的。

学说上，学者对于《民法通则》第 134 条以及《侵权责任法》第 15 条规定的责任承担方式进行了如下分类。首先，主流的观点认为这些责任承当方式可以分为救济性的责任方式和预防性的责任方式。所谓救济性的责任方式指的是以救济受害人为目的的责任方式。与此相对，预防性的责任方式指的是以预防损害现实发生为目的的责任方式。比如说，王利明教授认为停止侵害、排除妨碍、消除危险是以损害预防为主要目的的，所以这些是预防性救济方式。[5] 其次，还有学者将侵权行为的责任承当方式分

---

① 相同意见，如文元春「中国不法行为責任法における責任負担方法」中国研究月報 65 卷 5 号（2011 年）32 頁。

② 王利明：《〈侵权责任法〉研究（上）》，中国人民大学出版社 2010 年版，第 624 页；杨立新：《侵权责任法》，法律出版社 2010 年版，第 123 页；张新宝：《〈侵权责任法〉原理》，中国人民大学出版社 2005 年版，第 531 页。

③ 王利明：《〈侵权责任法〉研究（上）》，中国人民大学出版社 2010 年版，第 628 页；杨立新：《侵权责任法》，法律出版社 2010 年版，第 125 页；张新宝：《〈侵权责任法〉原理》，中国人民大学出版社 2005 年版，第 533 页。

④ 王利明：《〈侵权责任法〉研究（上）》，中国人民大学出版社 2010 年版，第 632 页；杨立新：《侵权责任法》，法律出版社 2010 年版，第 125—126 页；张新宝：《〈侵权责任法〉原理》，中国人民大学出版社 2005 年版，第 534 页。

⑤ 参见王利明《〈侵权责任法〉研究（上）》，中国人民大学出版社 2010 年版，第 605 页。类似意见的还有法律出版社 2007 年版，第 1029 页（余延满执笔）。在这里，民事责任的承担方式被分为预防性责任方式（排除妨害、消除危险）、恢复性责任方式和补偿性责任方式（停止侵害）。

为财产性责任方式、精神性责任方式和综合性责任方式。所谓财产性责任方式指的是以救济受害人的财产为主的责任方式。精神性责任方式指的是以救济受害人的精神性利益的损害或者精神痛苦的损害为主，救济精神性人格权的责任方式。综合性责任方式指的是在财产损害的场合和人格权侵害的场合都可以适用的责任方式。在此基础上，将停止侵害视作精神性责任方式，将排除妨害、消除危险视作综合性责任方式。① 此外，魏振瀛教授提出了一种全新的分类方法，将民事责任分为了五种，补偿型责任、侵害除去型责任、侵害停止型责任、预防型责任和人身型责任。补偿型责任指的是损害已经发生的情况下，补偿受害人的损害的责任。侵害除去型责任指的是侵害还在持续的情况下，为了不给受害人造成进一步的侵害，请求加害人消除侵害的责任。侵害停止型责任是积极地保护民事法上的权利的责任。预防型责任指的是存在发生实际侵害可能性的情况下，当事人请求采取预防性措施的责任。而人身型责任指的是以保护人身权为目的的非财产性责任。在此基础上，魏教授将排除妨害视作侵害除去型责任的一种，将停止侵害视作独立的侵害停止型责任，将消除危险纳入到预防型责任方式中。② 另外，也有学者对侵权行为的责任承当方式的扩大化提出了批判。批判说认为，在大陆法系中，侵权行为责任应当仅限于作为损害赔偿具体形式的金钱赔偿和恢复原状。因此，停止侵害应当被视作恢复原状的一种形式，而排除妨害和消除危险则应纳入绝对权请求权中。③

从以上学者对停止侵害、排除妨碍、消除危险的分类可见，如何定位这三种责任方式对于中国侵害排除的要件有着深远的影响。具体来说，如果将侵权行为的责任方式限定于损害赔偿的话，那么侵权行为损害赔偿和侵权行为责任的说要件是一致的。同时，过失责任则是侵权行为责任的一般归责原则。反过来说，如果将侵害排除等损害赔偿之外的方式也视作侵权行为的责任方式的话，由于一般认为侵害排除是不需要要求对方有过失的，那么此时过失责任将不见得是侵权行为责任的一般归责原则，而且损

---

① 参见杨立新《侵权责任法》，法律出版社 2010 年版，第 119 页以下。

② 参见魏振瀛《论债与责任的融合与分离——兼论民法典体系之革新》，《中国法学》1998 年第 1 期，第 26 页以下。

③ 参见周友军《侵权法学》，中国人民大学出版社 2011 年版，第 50—53 页；周友军《我国侵权责任形式的反思》，《法学杂志》2009 年第 3 期，第 19 页。

害的发生也不是所有侵权行为责任的说要件了。① 正是存在这种本质上的区别，中国民法学界对于侵害排除与侵权行为的责任方式之间的关系产生了争论。

（二）侵害排除请求权的定位

围绕《侵权责任法》中侵权行为的责任方式，中国民法学界的对立是比较严重的。② 本书关心的是停止侵害、排除妨碍、消除危险究竟在民法中如何定位，也就是侵害排除的定位问题。关于侵害排除的焦点，一直在于侵害排除请求权应该被视作以物权请求权为代表的绝对权请求权，还是将其看作侵权行为请求权的内容。关于这个问题，见解各异，但是大致可以整理成三类：绝对权请求权说、侵权行为请求权说和折中说。其中，特别是以崔健远教授为代表的绝对权请求权说③和以魏振瀛教授为代表的侵权行为请求权说④的对立，最为人所知。下面就以这两位学者所说为中心，整理中国侵害排除请求权的定位的相关学说。

首先来看绝对权请求权说。该说以严格区分债权和物权的传统大陆法

① 参见王轶《论侵权责任承担方式》，《中国人民大学学报》2009 年第 3 期，第 15 页。

② 关于《侵权责任法》第 15 条规定的几种责任方式的详细动向，可参见文元春「中国不法行為責任法における責任負担方法」中国研究月報 65 巻 5 号（2011 年）25 頁以下。

③ 代表性论稿有崔建远：《绝对权请求权抑或侵权责任方式》，《法学杂志》2002 年第 11 期，第 40 页以下；崔建远：《债法总则与中国民法典的制定——兼论赔礼道歉、恢复名誉、消除影响的定位》，《清华大学学报》（哲学社会科学版）2003 年第 4 期，第 67 页以下；崔建远：《物权救济模式的选择及其依据》，《吉林大学社会科学学报》2005 年第 1 期，第 116 页以下；崔建远：《论物权救济模式的选择及其依据》，《清华大学学报》（哲学社会科学版）2007 年第 3 期，第 111 页以下；崔建远：《论归责原则与侵权责任方式的关系》，《中国法学》2010 年第 2 期，第 40 页以下等。

④ 代表性论稿有魏振瀛：《论债与责任的融合与分离——兼论民法典体系之革新》，《中国法学》1998 年第 1 期，第 17 页以下；魏振瀛：《论民法典中的民事责任体系——我国民法典应建立新的民事责任体系》，《中外法学》2001 年第 3 期，第 353 页以下；魏振瀛：《论请求权的性质与体系——未来我国民法典中的请求权》，《中外法学》2003 年第 4 期，第 285 页以下；魏振瀛：《〈民法通则〉规定的民事责任——从物权法到民法典的制定》，《现代法学》2006 年第 3 期，第 45 页以下；魏振瀛：《制定〈侵权责任法〉的学理分析——侵权行为之债立法模式的借鉴与变革》，《法学家》2009 年第 1 期，第 1 页以下；魏振瀛：《〈侵权责任法〉在我国民法中的地位及其与民法其他部分的关系——兼与传统民法相关问题比较》，《中国法学》2010 年第 2 期，第 27 页以下；同魏振瀛：《侵权责任方式与归责事由、归责原则的关系》，《中国法学》2011 年第 2 期，第 27 页以下等。

系尤其是德国法为根据，认为侵权行为法是债法内容之一，其责任方式应
该仅限于损害赔偿（金钱赔偿或者恢复原状）这种发生债权的方式。其
次，该说认为即使将来的民法典侵权行为独立成编，侵权行为作为债权的
属性也不会发生变化。与此不同，绝对权请求权是为了保持绝对权的圆满
状态，发挥的是恢复机能。如果绝对权受到侵害，不问行为人有无过失，
该行为是否成立侵权行为，债权人当然可以请求行使这种绝对权请求权，
而不用受到侵权行为法的严格限制。绝对权本身可以自己通过诉讼保持或
者恢复其圆满的状态。况且，行使这些请求权的结果，并未使行为人承受
任何额外的负担，未遭受任何不利。因此，绝对权请求权无须以过失为
要件。①

　　绝对权请求权说认为包括物权请求权在内的绝对权请求权实际上已经
包含了停止侵害、排除妨碍、消除危险的内容。在此基础上，绝对权请求
权说对将侵害排除等内容规定在侵权行为的责任方式中的立法以及相关学
说进行了猛烈的批判，即该说认为将侵害排除放到侵权行为的承担方式
中，用侵权行为请求权吸收绝对权请求权在理论上存在下述问题点。② 第
一，在大陆法系，民事责任是债务人以其所持有的责任财产对债务的担
保。损害赔偿符合这种民事责任的本质，而侵害排除与责任财产并没有关
系。因此，将侵害排除视作民事责任的承担方式并不符合民事责任的本
质。第二，原则上债权人之间是平等（债权平等原则）的。如果将侵害
排除放在债权损害赔偿中去的话，便会失去物权的优先性，从而难以有效
地保护物权。第三，关于诉讼时效的问题。如果将侵害排除视作侵权行为
（债权）的承担方式的话，那么意味着将其适用诉讼时效的规定。但是这
在绝对权尤其是人格权受到侵害的情况下显然是不合理的。第四，将侵害
排除视作侵权行为的承担方式的做法并不符合请求权相关理论。根据请求
权的基础理论，在个案中在考虑事务管理、返还所有权请求权、不当得
利、侵权行为之前，应该先确认是否存在合同关系。在没有合同关系的情
况下，再按照基于与合同相似的无权代理等的请求权、基于事务管理的请

---

① 参见崔建远《物权救济模式的选择及其依据》，《吉林大学社会科学学报》2005 年第 1
期，第 117 页。

② 参见崔建远《绝对权请求权抑或侵权责任方式》，《法学杂志》2002 年第 11 期，第 41—
43 页；崔建远《物权救济模式的选择及其依据》，《吉林大学社会科学学报》2005 年第 1 期，第
117—119 页。

求权、物权请求权、基于不当得利的请求权、侵权行为请求权的顺序进行思考。如果将侵害排除作为侵权行为的承担方式的话，原本应该先考虑的物权请求权放在了后面的侵权行为请求权一起考虑，这不符合请求权理论。第五，在一般侵权行为的场合下，过失是要件之一（过失责任主义）。如果将侵害排除视作一般侵权行为的承担方式的话，那么意味着过失也成了侵害排除的要件了。但是，学说一般认为侵害排除并不以过失为要件。如此一来，一个侵权行为之中可能就存在两个归责原则的现象。第六，按照中国民法理论，物权受到侵害之时存在物权救济和债权救济两种手段。物权的保护方法主要有停止侵害、排除妨碍、消除危险等，而债权的保护方法主要是损害赔偿、返还不当得利等。将侵害排除也作为一般侵权行为的承担方式的做法有违民法理论。第七，英美侵权法中确实存在"禁令制度"（injunction），但是该制度是与英美法系的历史背景、文化传统以及法律体系相适应的。英美法系的财产法中并不存在充分的物权请求权的救济，因此只能通过侵权行为制度救济权利人。而中国法中已经存在保护绝对权的相关制度，因此无须通过侵权行为制度来达到保护物权等绝对权。

与此相对，以魏振瀛教授为代表的侵权行为请求权说一方面回应绝对权请求权说提出的诸多批判，另一方面试图提出了一个改变中国民法体系的野心之说。首先，侵权行为请求权说认为，侵权行为的本质在于责任而非债务（obligatio）。因此，无论是学理上还是立法上，责任都应该从债务的范畴分离出来，确立独立的民事责任制度，从而创立与传统大陆法系所不同的全新的民事责任体系。其理由有三点。第一，作为民事法律关系内容的义务与作为权利保护措施的民事责任是不同的，所以民事责任与民事义务的性质是不同的。因此，用相同的概念（债务）难以包含两者。第二，从责任法的强制力来看，只有在不履行义务，侵害他人权利的情况下，责任才可能与义务有关联。责任和义务的这种关联并不是法律关系的常态，反映的是不正常的社会秩序。因此，责任和义务的分离才是常态。第三，传统的民事责任是一种财产责任，其中最重要的责任承担方式是损害赔偿。但是到了21世纪的今天，尤其是在制定民法典之际，必须充分考虑到保护人格权、知识产权以及环境上的权益等。仅仅用损害赔偿一种责任承担方式难以给民事上的权力利益以充分的保护，尤其是难以满足预防性民事责任的要求。① 因此，将来的民法典中应该创设全新的请求权体系。根据上述理由，本说认为将来中国民法典中，侵权行为应该和债权编相互独立，且在侵权行为编中应该集中规定侵害包括物权等绝对权在内的各种权利的民事责任。② 在此基础上，魏教授认为侵权行为请求权应该吸收绝对权请求权，而本来应该规定在各自绝对权保护章节中的绝对权请求权可以不做规定。而且，现在物权法等民法典单行法中有关物权请求权的内容可以理解为一种"引致规定"。③

对于绝对权请求权说提出的有关过失责任、诉讼时效以及损害概念的三大质疑，魏教授是如下论证的。首先，魏教授认为侵害排除也应该适用无过错责任，理由主要有以下三点。第一，从责任性质上来看，损害赔偿是一种加害人对受害人补偿已经产生的损害补偿制度，包含了对其责难的要素，所以一般来说以加害人的过失为要件。而侵害排除的对象是某种行为或者状态，不包含对行为人的责难，而是在侵害人与被侵害人以及社会之间达到某种利益的平衡，所以不要求过失要件。第二，侵害排除可以适用于各种不同类型的侵权行为，所以《侵权责任法》第二章（责任说与责任方式）的规定也同样适用，而第二章也规定了无过错责任。第三，从比较法上来看，侵害排除一般不以过失为要件。④ 此外，魏教授认为即便侵害排除适用无过错责任也不影响物权的优先效力和追及效力。因为与物权的优先效力和追及效力相关联的并不是无过错责任而是物权的排他性。⑤ 其次，对于诉讼时效的批判，魏教授认为诉讼时效的适用范围以及期间限制长短的问题本来就是一个需要价值判断的立法政策问题，而不是

---

① 参见魏振瀛《论债与责任的融合与分离——兼论民法典体系之革新》，《中国法学》1998 年第 1 期，第 25 页；魏振瀛：《〈民法通则〉规定的民事责任——从物权法到民法典的制定》，《现代法学》2006 年第 3 期，第 58 页等。

② 参见魏振瀛《论债与责任的融合与分离——兼论民法典体系之革新》，《中国法学》1998 年第 1 期，第 17 页以下。

③ 参见魏振瀛《制定〈侵权责任法〉的学理分析——侵权行为之债立法模式的借鉴与变革》，《法学家》2009 年第 1 期，第 34 页等。

④ 参见魏振瀛《〈侵权责任法〉在我国民法中的地位及其与民法其他部分的关系——兼与传统民法相关问题比较》，《中国法学》2010 年第 2 期，第 35 页；魏振瀛《侵权责任方式与归责事由、归责原则的关系》，《中国法学》2011 年第 2 期，第 32—34 页等。

⑤ 参见魏振瀛《〈民法通则〉规定的民事责任——从物权法到民法典的制定》，《现代法学》2006 年第 3 期，第 58 页。

区分物权请求权和侵权责任的标准。① 因此，物权法中规定的排除妨害、消除危险与《侵权责任法》中的停止侵害、排除妨害和消除危险都不应该受到诉讼时效的限制。理由如下：第一，正如前文所述，物权法中规定的排除妨害和消除危险仅仅是一种"引致规定"，因此作为物权保护方法的排除妨害、消除危险没有必要适用诉讼时效的规定。第二，如果物权法中的物权请求权不适用诉讼时效的话，那么侵权行为的承担方式之一的侵害排除也没有必要适用诉讼时效。② 第三，对于损害概念的质疑，魏教授认为中国《侵权责任法》所采用的是一种大损害概念③，即，行为者的行为导致受害人在民事权益上遭受了不利益的结果本身便是损害。④ 也就是说，存在现实危险的可能性这种"不利后果"也可以被视为一种损害。魏教授提出的损害概念虽然和大损害概念还是有些距离，但是在侵害排除方面，"不利结果"视为损害还是与大损害概念有亲近之感。魏教授认为，中国《侵权责任法》并不是所有的侵权责任都是以损害结果的发生为要件的。这是因为侵权行为指的是民事上的权利或者利益受到侵害而发生的不利结果，而这种不利结果在权益受到妨害之时就已经产生。从这个意义上来说，传统的损害概念将损害结果的发生视作损害要件，但是这种损害概念是损害赔偿（侵权行为）责任的要件，而非侵害排除

---

① 参见魏振瀛《论请求权的性质与体系——未来我国民法典中的请求权》，《中外法学》2003 年第 4 期，第 402 页；魏振瀛《制定〈侵权责任法〉的学理分析——侵权行为之债立法模式的借鉴与变革》，《法学家》2009 年第 1 期，第 45—46 页。

② 参见魏振瀛《论请求权的性质与体系——未来我国民法典中的请求权》，《中外法学》2003 年第 4 期，第 402 页；魏振瀛《论民法典中的民事责任体系——我国民法典应建立新的民事责任体系》，《中外法学》2001 年第 3 期，第 353 页以下；魏振瀛《制定〈侵权责任法〉的学理分析——侵权行为之债立法模式的借鉴与变革》，《法学家》2009 年第 1 期，第 45 页；魏振瀛：《〈民法通则〉规定的民事责任——从物权法到民法典的制定》，《现代法学》2006 年第 3 期，第 58 页；魏振瀛《〈侵权责任法〉在我国民法中的地位及其与民法其他部分的关系——兼与传统民法相关问题比较》，《中国法学》2010 年第 2 期，第 36 页等。

③ 大损害概念参见王胜明编《中华人民共和国〈侵权责任法〉释义》，法律出版社 2010 年版，第 42—43 页；全国人大法制工作委员会民法室《中华人民共和国〈侵权责任法〉条文说明、立法理由及相关规定》，北京大学出版社 2010 年版，第 22—23 页。

④ 对于大损害概念，主要存在以下批判。大损害概念与中国民事立法的传统不合，不符合比较法上的通说（差额说及其修正理论）、大损害概念使得侵权行为、不当得利以及事务管理的区别变得模糊不清等（参见崔建远《论归责原则与侵权责任方式的关系》，《中国法学》2010 年第 2 期，第 48 页）。

的要件。①

　　魏教授所主张的学说，即用侵权行为请求权吸收绝对权请求权，将侵害排除等视作侵权行为的承担方式，对中国的民法理论产生了巨大的冲击。但是，这种学说受到了诸多学者，尤其是深受德国法影响的学者的强烈批判。批判说认为，除了对民法体系的冲击，一部分学者还从如下角度批判魏教授的学说。即，绝对权请求权是以强化绝对权保护为目的的请求权，不可以将其适用范围扩展到所有的权利或者利益。如果突破这种限制的话，便会造成无过错责任的泛滥，从而限制行为人的行动自由。② 此外，从迅速有效的救济角度来看，侵害排除经常适用于尚未发生实际损害的阶段。如果将侵害排除作为侵权行为的责任方式之一的话，那么也便要求实际损害的存在。如何说明两者之间的矛盾是绝对权请求权说需要解决的问题之一。③

　　另外，魏振瀛教授的学说也得到了不少学者的支持。如有学者指出，包含侵害排除请求权在内的统一的侵权行为救济构造对于民法体系以及法律实务来说，存在以下优点。④ 首先，从《民法通则》制定前后开始，在中国民事立法中，对受害人救济已经形成了一种传统，且这种传统也为司法实践所采纳。这种传统指的是民事法律中一般都单独设置民事责任一章，其中也包括侵害排除等侵权行为的承担方式等。其次，统一的救济体系有利于侵权行为编在民法典中的独立。这是因为如果在侵权行为的承担方式中包含绝对权请求权的内容的话，那么侵权行为编中便可以统一规定预防性的保护手段（侵害排除）和补偿性的保护手段（损害赔偿）。该学者认为，民法典中设置独立于债权法的侵权行为编便是学者们的共识。而且，从法律的实效性来说，统一的侵权行为救济框架也可以避免以下情

---

① 参见魏振瀛《制定〈侵权责任法〉的学理分析——侵权行为之债立法模式的借鉴与变革》，《法学家》2009 年第 1 期，第 34—35 页；魏振瀛《侵权责任方式与归责事由、归责原则的关系》，《中国法学》2011 年第 2 期，第 33 页；魏振瀛《〈民法通则〉规定的民事责任——从物权法到民法典的制定》，《现代法学》2006 年第 3 期，第 59 页等。

② 参见周友军《我国侵权责任形式的反思》，《法学杂志》2009 年第 3 期，第 20 页以下；周友军《侵权法学》，中国人民大学出版社 2011 年版，第 50 页等。

③ 参见曹险峰《侵权责任本质论——兼论绝对权请求权的确立》，《当代法学》2007 年第 7 期，第 73 页。

④ 参见张新宝《〈侵权责任法〉立法研究》，中国人民大学出版社 2009 年版，第 348—351 页。

况，即，在不同的权利利益规定中零散地规定各自不同的保护请求权的内容。

除了上述两种尖锐对立的学说，还有折中说。该说一方面坚持中国的立法传统，认为侵权行为的承担方式中应该包括侵害排除。另一方面，该说认为在物权法等法律中也应该设置包含排除妨害、消除危险在内的绝对权请求制度。在这两种请求权发生竞合的情况下则由当事人选择之一。因此，折中说也可以称为竞合说。该说的主要理由有以下两点。首先，该说认为中国在立法上已经采用了折中说。[①] 也就是说，2007年物权法规定了物权请求权，而2009年《侵权责任法》并没有改变物权请求权的相关内容，而又规定了作为侵权行为承担方式的侵害排除。因此，该说认为，在物权法、人格权法、知识产权法等也应该各自规定绝对权请求权，其次在《侵权责任法》中也应该规定侵害排除请求权。[②] 该说的第二个理由是，由于折中说允许当事人选择对其有利的请求权，因此更有利于受害人保护。[③]

虽然折中说同时考虑到了中国的立法传统以及民法理论的解释，但是也受到了诸多批判。第一，折中说看似给受害人提供了更多救济选择，但是其实未必。这是因为很难想象当事人会舍弃不要求实际损害以及过失要件且不适用诉讼时效的绝对权请求权，而要求适用损害、过失、诉讼时效上要求更为严格的侵权行为请求权。可见，折中说所说的竞合，最终不过是一种具文而已。[④] 第二，请求权竞合是人类智慧有限之结果，而非立法

---

① 参见王利明《〈侵权责任法〉研究（上）》，中国人民大学出版社2010年版，第602页。但是对于这种看法，也有学者认为中国的立法未必采用了折中说。这是因为《物权法》毕竟只是单行法而不是民法典物权编，其不仅规定了物权请求权，也规定了损害赔偿的内容。因此，仅凭此难以证明立法者采取了折中说（参见张新宝《〈侵权责任法〉立法研究》，中国人民大学出版社2009年版，第55页）。

② 参见杨立新《制定民法典侵权行为法编争论的若干理论问题——中国民法典制定研讨会讨论问题辑要及评论（二）》，《河南省政法管理干部学院学报》2005年第1期，第28页。

③ 参见王利明《〈侵权责任法〉研究（上）》，中国人民大学出版社2010年版，第602—603页等。

④ 参见王轶《物权保护制度的立法选择——评〈物权法草案〉第三章》，《中外法学》2006年第1期，第42—43页；王轶《论侵权责任承担方式》，《中国人民大学学报》2009年第3期，第17页；张新宝《〈侵权责任法〉立法研究》，中国人民大学出版社2009年版，第346页等。

刻意追求之目标。各种请求权各司其位便能解决的问题无须借助竞合理论。[①] 第三种批判主要来自传统大陆法系理论的支持者。他们认为，将侵害排除等作为侵权行为的承担方式的做法导致侵权法内部产生矛盾。也就是说，通过绝对权请求权本身便足以救济绝对权，如果权利人行使绝对权请求权后还存在损害的话，当事人在绝对权请求权的基础上还可以通过损害赔偿请求权得到救济。因此，无须通过折中说（竞合说）救济受害人。[②]

三　小结

上文总结了中国民法中侵害排除的性质，尤其是围绕侵害排除请求权与物权请求权之间的关系的学术争论。那么，学说上的对立对于侵害排除的具体要件以及效果方面会产生什么影响呢？首先，将侵害排除视作物权请求权等绝对权请求权内容的学说（绝对权请求权说）认为，侵害排除不以过失为要件，也无须以损害的实际发生为要件。那么，将侵害排除视作侵权行为的承担方式的学说（侵权行为请求权说）又是如何呢？该说也不否定物权请求权等绝对权请求权本身的存在，只是在体系上将其统一规定在侵权行为的承担方式中，并以侵权行为请求权吸收绝对权请求权。因此，在本说中定位为侵权行为的承担方式的侵害排除请求权也不以过失为要件。也就是说，本说中侵权行为的承担方式可以分为两种情况，一种以过失为要件（损害赔偿），另一种则无须过失要件（侵害排除）。其次，对于损害要件，正如前文所述，由于该说采取了大损害概念，因此并不要求损害结果的实际发生。这点上也与绝对权请求权说相一致。最后，关于诉讼时效又如何呢？绝对权请求权说本来就认为侵害排除并无须适用诉讼时效。与此相对，侵权行为请求权说认为诉讼时效的问题是一个立法政策的问题，而且多数持此学说的学者认为，作为绝对权请求权内容的侵害排

---

① 参见王轶《物权保护制度的立法选择——评〈物权法草案〉第三章》，《中外法学》2006 年第 1 期，第 43 页；王轶《论侵权责任承担方式》，《中国人民大学学报》2009 年第 3 期，第 17 页；张新宝《〈侵权责任法〉立法研究》，中国人民大学出版社 2009 年版，第 346—347 页等。

② 参见崔建远《绝对权请求权抑或侵权责任方式》，《法学杂志》2002 年第 11 期，第 43 页；崔建远《物权救济模式的选择及其依据》，《吉林大学社会科学学报》2005 年第 1 期，第 128 页等。

除与作为侵权行为承担方式之一的侵害排除应该适用相同的诉讼时效。也就是说，作为侵权行为请求权的侵害排除请求权也无须适用诉讼时效。因此，在诉讼时效的问题上，两说之间也几乎不存在差异。

如此可见，实际上两说在要件方面并不存在实质性的差异。那么，两说之间的差异究竟在什么地方呢？实际上，两者的差异在于，绝对权请求权说认为侵害排除请求权应该分别规定在各绝对权相关法律之中，而侵权行为请求权说认为包括保护绝对权为目的的侵害排除请求权在内，都应该置入侵权行为编，而在各绝对权相关法律之中无须规定。因此，有学者评价，无论是在价值判断层面还是法律要件及其效果的层面，绝对权请求权说和侵权行为请求权说在学说争论上并无重大差异。两说的差异仅仅在于将侵害排除放入将来民法典的物权编还是侵权行为编的区别，只是立法技术的差异而已。①

以上考察了中国民法中的侵害排除论。本章第三节将探讨民法的相关讨论会对环境法中的侵害排除论产生何种影响。在分析中国环境侵害排除论之前，先比较日本法和中国法之间的异同。一方面，是中日之间关于侵害排除与损害赔偿的关系的异同。日本民法典没有关于侵害排除的明文规定。但是在公害纠纷这种持续性侵害的情况下，侵害排除与损害赔偿之间具有某种类似性乃至同一性，尤其是在排除妨害请求权的情况下，"妨害"与"损害"，"除去妨害"与"损害赔偿"之间关系难以厘清。因此，将侵害排除与损害赔偿通过侵权法进行一元化处理的学说在日本学界也有不小的影响。② 另一方面，还有学说认为，虽然规定侵权行为效果（责任方式）的日本民法第 709 条没有规定侵害排除请求权，但是也没有包含否定侵害排除的意思，至少在解释论上，将侵害排除请求权理解为侵

---

① 参见王轶《物权保护制度的立法选择——评〈物权法草案〉第三章》，《中外法学》2006 年第 1 期，第 40 页。根据王轶教授的观点，侵权行为请求权说更符合中国的立法和司法传统，而绝对权请求权说更注重学说继受以及法学教育的传统（王轶：《物权保护制度的立法选择——评〈物权法草案〉第三章》，《中外法学》2006 年第 1 期，第 40—41 页）。对于这种尊重立法传统的观点，崔建远教授反驳到，现在的中国正处变革的时代，像中国这种继受他国立法以及学说的国度里，不应该拘泥于本国的传统以及习惯，而更应注重法律的变革作用（王轶：《物权保护制度的立法选择——评〈物权法草案〉第三章》，《中外法学》2006 年第 1 期，第 40 页）。

② 关于这方面的讨论，参见玉树智文「妨害除去請求権の機能に関する一考察」奥田昌道編集代表『現代私法学の課題と展望：林良平先生還暦記念論文集（中）』（有斐閣，1982 年）129 頁。

权行为的效果（责任方式）也不是没有可能的。① 这种观点与中国民法中将侵害排除放在《侵权责任法》中规定的立法以及学说（侵权行为请求权说）存在着相似之处。在日本，损害赔偿原则上是以金钱赔偿为主要形式的，在例外情况下也认可恢复原状，而且恢复原状也是损害赔偿的方法之一。此外，关于恢复原状与侵害排除的关系，一般是如下区分的。前者是以恢复过去的侵害行为所发生的损害为目的，而后者主要是对将来的受害的预防，即以除去侵害原因为主要目的。两者的区别虽然在理论上是可以分辨的，但是实务中经常存在竞合或者难以区分的情形。② 如果将物权请求权（排除妨害以及预防妨害请求权）理解为一种基于物权的请求权的话，那么物权之外也存在"权利侵害或者其他违法利益侵害"的状态，或者有这种可能性的情况下，受害人当然可以请求停止或者预防这种侵害，这就是侵害排除请求权。如果这样理解的话，基于物权的侵害排除请求权（物权请求权）也不过是侵害排除请求权的一种而已，并不是物权所特有的。③ 如果说侵害排除请求权与作为损害赔偿方法的恢复原状之间的区别是相对的话，那么这种观点正好与中国将侵害排除定位为侵权行为承担方式的侵权行为请求权说是相似的。

第三节　中国环境法中的侵害排除论

一　立法现状

受到《民法通则》关于侵害排除规定的影响，在中国的环境相关法律中也都规定了侵害排除的内容。比如说，作为中国环境基本法的《环境保护法》第 41 条第 1 款中规定："造成环境污染危害的，有责任排除危害，并对直接受到损害的单位或者个人赔偿损失。"也就是说，该法在环境污染的责任方式中并列列举了侵害排除以及损害赔偿。此外，作为《环境保护法》特别法的各环境污染防治法中，也规定了类似的内容。虽然法律表述上有些许差异，但是大致的模式是"因××污染而受到损害

---

① 参见四宫和夫『事務管理・不当利得・不法行為（下巻）』（青林書院，1985 年）477—478 頁等。

② 参见沢井裕『公害差止の法理』（日本評論社，1976 年）110—114 頁。

③ 参见広中俊雄『物権法（第二版増補）』（青林書院，1987 年）229 頁。相同观点的还有根本尚徳『差止請求権の法理』（有斐閣，2011 年）12 頁以下。

的受害人有权对加害人请求排除危害和损害赔偿"。① 环境相关法律的立法也受到《民法通则》等民事法的影响，环境污染侵权行为的承担方式也不仅限于损害赔偿一种，而是更加重视侵害排除的作用。②

但是，环境法中的"排除危害"与《民法通则》以及《侵权责任法》等民事法中的"停止侵害、排除妨碍、消除危险"至少用词方面出现了差异。对于两者之间的异同，学者之间的看法也各有不同。首先，关于责任的性质，学者的意见就不同。一部分学者认为，民事法中"停止侵害、排除妨碍、消除危险"是民事责任的方式，而环境关联法中的"排除危害"并不仅仅是民事责任，也包括行政责任乃至刑事责任。也就是说，环境污染不仅侵害个人民事上的权利和利益，还侵害社会的利益（公益）。传统上，环境责任是一种民事责任，但是现在的环境法主要是以行政责任和刑事责任为主的公法上的责任。因此，环境法上的排除危害主要是行政责任或者刑事责任的方式。③ 但是，多数观点认为排除危害是环境侵权中的一种民事责任方式。也就是说，损害赔偿和排除危害并列规定在一起，都是环境民事责任的方式。④

其次，民事法中的"停止侵害、排除妨碍、消除危险"与环境法中的"排除危害"是否包含了相同的内容呢？一部分的环境法学者认为，《环境保护法》第41条以及各大环境污染防治法只规定了排除危害与损害赔偿而没有包含停止侵害和消除危险等内容。⑤ 比如，吕忠梅教授指出，中国环境法没有统一规定环境民事责任的具体责任方式，而《环境保护法》第41条只规定了损害赔偿和排除危害两种方式。⑥ 还有学者认为，排除危害是污染防治法（主要是行政法）的制度，但是侵害排除却

---

① 如《海洋环境保护法》第90条、《水污染防治法》第85条、《大气污染防治法》第62条、《固体废弃物污染环境防治法》第85条、《环境噪声污染防治法》第61条等。此外，在资源保护法律中，作为行政手段，也规定了停止侵害和损害赔偿（例如《草原法》第18条）。

② 参见曹明德《环境侵权法》，法律出版社2000年版，第215页等。

③ 参见周珂《生态环境法论》，法律出版社2001年版，第106页。

④ 还有观点认为，虽然民事法律中并没有直接规定"排除危害"这种民事责任承担方式，但是排除危害是一种综合性的民事责任（张梓太：《环境法律责任研究》，商务印书馆2004年版，第121页）。

⑤ 参见王灿发《环境法学教程》，中国政法大学出版社1997年版，第97页；吕忠梅《环境法学（第二版）》，法律出版社2008年版，第156页等。

⑥ 参见吕忠梅《环境法学（第二版）》，法律出版社2008年版，第156页。

是民法上的制度，两者之间在危害的性质以及制度的内容上存在一定的差异。也就是说，两者虽然都是环境危害事实的处理方式，但是排除危害发挥的是保护公共性环境利益的机能，而侵害排除则适用于私人的人身财产权利受到侵害的情形。① 与上述观点不同，多数学说认为民事法中的"停止侵害、排除妨碍、消除危险"与环境法中的"排除危害"仅仅是用词表现上有所差异，两者在性质、内容甚至机能上基本是一致的。也就是说，排除危害作为环境民事责任的预防性方式，不仅适用于已经发生环境污染的情况，也包括实际结果尚未发生之前。这与民法上的停止侵害、排除妨碍、消除危险是相同的。② 虽然存在上述观点的差异，但是即便是认为两者不同的少数说也认为，《民法通则》与《侵权责任法》中规定的民事责任的承当方式当然也适用于环境侵权的场合。③ 因此，两说在实务中几乎是没有差异的。

二　侵害排除请求权的法律性质

正如上文所述，围绕中国民法上的侵害排除请求权性质的争论还在持续。环境法的领域内虽然已经确立了排除危害制度，但是围绕该制度的法理根据也有各种不同的争论。而且民法上的关于侵害排除性质的争论必然影响到环境法上的侵害排除请求权的性质的争论。值得一提的是，日本没有明文规定侵害排除请求权，学说上展开了充分的讨论。与此不同，中国在环境法上对侵害排除的理论根据并没有充分的讨论。但是，关于环境侵害排除的根据以及性质，受到比较法（尤其是美国法、德国法和日本法）的影响，环境法学者也提出了类似于日本学说中的权利说、侵权行为说。

先来看权利说。权利说认为侵害排除的根据在于某种绝对权的效力。该说明显受到了民法中绝对权请求权说的影响。即，如果将民法上的侵害

---

① 比如王小钢《环境法侵害排除和排除危害制度——从美、日、德相关诉讼制度的视角》，《当代法学》2005年第3期，第127页。

② 比如蔡守秋编《环境资源法教程》，高等教育出版社2004年版，第409页（钱水苗执笔）；金瑞林编：《环境法学（第二版）》，北京大学出版社2007年版，第138页（金瑞林执笔）；周珂：《环境法（第三版）》，中国人民大学出版社2008年版，第88页；汪劲：《环境法学》，北京大学出版社2006年版，第582页；曹明德：《环境侵权法》，法律出版社2000年版，第215页等。

③ 如吕忠梅《环境法学（第二版）》，法律出版社2008年版，第157页；王灿发：《环境法学教程》，中国政法大学出版社1997年版，第97页。

排除请求权理解为基于绝对权的请求权的话，环境侵害排除便是这种侵害排除请求权的运用之一。也就是说，与环境有关的某种绝对权受到侵害之时，作为这种权利的支配性所产生的效力，便产生了侵害排除请求权。但是，与日本学说中的权利说一样，该说也根据依据的绝对权的种类分为以下几种分支学说。

第一种是关于环境权的学说。中国学说中的环境权概念基本上是沿着1970年东京会议①所提倡的"环境权"而逐渐展开的。② 环境权提出之后，日本律师协会第13次拥护人权大会以及大阪律师协会环境权研究会所编著的『環境権』（日本評論社）也都影响了中国的环境权的讨论。③中国的环境法学者从20世纪80年代开始研究环境权，虽然有不少学者对于环境权本身乃至立法的确立持乐见其成的态度，但是学者对于环境权的主体、客体以及内容的理解则各不相同。④ 有学者认为环境权不仅仅是一种人权，而是包含公权和私权、程序权利和实体权利的多层次的权利。⑤根据这种观点，环境权也可能是一种私权。基于这种观点，吕忠梅教授对环境权进行了具体化乃至私权化的探讨。吕教授认为，环境权的内容可以分为环境适用权、环境知情权、环境参与权、环境请求权。其中，环境侵害请求权指的是公民在环境方面的权利受到侵害的情况下，有权向公共机构请求保护的权利。具体来说，这种环境请求权包括了对行政行为的司法审查、行政复议审查、请求国家赔偿的权利，以及公民的环境权受到侵害

---

① 在国际社会科学评议会主办的一次环境问题的国际研讨会上，发表了"东京宣言"。"东京宣言"指出"任何人都享有其健康和福祉不受环境侵害的权利，以及将来世代享有现在世代留下的包含自然美在内的自然资源的权利，这些权利都是基本人权。我们倡议在法律体系中确立该法律原则"［参见淡路剛久『環境権の法理と裁判』（有斐閣，1980年）2頁］。

② 关于中国环境权的早期讨论，参见片岡直樹『中国環境汚染防治法の研究』（成文堂，1997年）515頁以下。

③ 参见吕忠梅《环境法学（第二版）》，法律出版社2008年版，第75页以下；吕忠梅《环境法新视野（改订版）》，中国政法大学出版社2007年版，第106页以下；蔡守秋编《环境资源法教程》，高等教育出版社2004年版，第128—129页（蔡守秋执笔）等。

④ 参见汪劲《环境法学》，北京大学出版社2006年版，第80页以下；周珂编《环境法学研究》，中国人民大学出版社2008年版，第88页（陈泉生执笔）等。

⑤ 参见吕忠梅《环境法学（第二版）》，法律出版社2008年版，第88页；王明远《论环境权诉讼——通过私人诉讼维护环境公益》，《比较法研究》2008年第3期，第52—54页。

之时请求损害赔偿以及侵害排除的权利等。① 另外，吕教授指出随着私法公法化以及公法私法化这种法律现象的出现和推进，市民环境权越来越成为一种独立的私法上的权利，环境权也出现了私法化的趋势。② 此外，传统民法中，往往存在难以有效解决环境利益受到侵害的问题，而根据环境权应当确立一种新的法律制度，具体包括环境保护相邻权、环境人格权以及环境侵权制度等。其中，环境保护相邻权制度是基于环境保护的客观要求，在一定范围的相邻关系内，环境关系的主体享受的权利以及义务。根据环境保护相邻权，环境保护相邻关系的一方对污染人可以请求停止一定程度的污染行为。这就是侵害排除请求权。③

对于环境权，许多学者就其私法属性提出了异议，主要理由如下。首先，以日照权、眺望权、景观权、静谧权、清洁水权、历史环境权等为内容的环境权与民法上的相邻关系制度、人格权以及财产权等权利相互交叉，两者之间并不能完全区别。其次，用环境权取代民法中业已存在的财产权以及人格权不仅带来民法上权利的混乱和重复，而且反过来也不利于环境权的确立。④ 而且，也有批判说指出环境权的客体应该仅限于生态环境。⑤ 此外，还有人对于环境权内容的环境资源利用权提出批判。即，一般说来，对于环境污染行为，应该优先保护生命健康权利，而认可环境资源利用权则有可能有损这种优先性，还可能给污染行为赋予一定的合法性。⑥

第二种权利说是根据物权（以及相邻关系）以及人格权请求排除污染行为的学说。例如，汪劲教授认为，从积极预防的角度来看，因环境污染受到妨害的受害人，可以基于人格权以及物权等民法上的权利请求加害

---

① 以上参见吕忠梅《环境法学（第二版）》，法律出版社 2008 年版，第 88—93 页；吕忠梅：《环境法新视野（改订版）》，中国政法大学出版社 2007 年版，第 124—131 页。
② 参见吕忠梅《环境法新视野（改订版）》，中国政法大学出版社 2007 年版，第 132—141 页。
③ 参见吕忠梅《环境法新视野（改订版）》，中国政法大学出版社 2007 年版，第 141—147 页。
④ 参见朱谦《论环境权的法律属性》，《中国法学》2001 年第 3 期，第 66 页。
⑤ 参见周珂编《环境法学研究》，中国人民大学出版社 2008 年版，第 90 页（陈泉生执笔）。
⑥ 参见周珂编《环境法学研究》，中国人民大学出版社 2008 年版，第 91—92 页（陈泉生执笔）。

人排除危害。[①] 根据以上两种绝对权的侵害排除请求权具有以下几个优点。首先，中国已经在立法上确立了物权请求权，其内容包括侵害排除。而且虽说将来民法典中人格权法是否独立成编尚未可知，但是民法典将明文规定人格权几乎是没有异议的。[②] 其次，这两种权利内容上相对明确，而且实务中也比较接纳。但是，也有人指出本说的缺点，即，上述两种绝对权具有极强的反射力，反过来从环境受害的多样性来看，在判断侵害排除可否之时，缺乏灵活性。

第三种观点是根据物权、人格权以及环境权请求侵害排除的学说。比如说，罗丽教授认为，侵害排除的根据如下。首先，由于物权法已经规定了排除妨害、消除危险等物权请求权，所以其可以发挥侵害排除的机能。其次，将来的中国民法典中规定人格权的内容几乎是没有异议的，另外可以学习台湾民法典第 18 条的规定[③]，可以在人格权法中规定根据人格权请求侵害排除的内容。而且罗教授还认为应该在宪法上确立环境权，在此基础上民法典以及《环境保护法》中应该规定下述内容：环境权受到侵害的，受害人可以对加害人请求停止侵害、排除妨碍、消除危险。[④] 可见，罗教授希望通过这三种权利的组合以尽可能保护环境上的权利和利益。但是对于上文中提到了对于环境权的批判恐怕对罗教授学说同样适用。也就是说，环境权是一种与人格权以及财产权所不同的权利，两者之间本来就存在重叠交叉。而且本说还有以下问题，即对于何种场合适用物权请求权以及人格权请求权，何种场合适用基于环境权的侵害排除请求权，本说难以清楚地分开两者。

除了上述权利说，还有有力的学说是侵权行为说，即将环境侵害排除视作侵权行为的承担方式之一的学说。本说的根据在于，现行《民法通则》、《侵权责任法》以及《环境保护法》规定了包含侵害排除在内的几

---

① 参见汪劲《环境法学》，北京大学出版社 2006 年版，第 582—585 页。

② 关于中国人格权法的最新动向，参见王利明《人格权法研究（第二版）》，中国人民大学出版社 2012 年版，第 1 页以下；王晨「現代中国における人格権法の復与」JCAジャーナル58 巻 9 号 48 頁以下。

③ 台湾民法典第 18 条：人格权受侵害时，得请求法院除去其侵害；有受侵害之虞时，得请求防止之。

前项情形，以法律有特别规定者为限，得请求损害赔偿或慰抚金。

④ 参见罗丽《环境侵权侵害排除责任研究》，《河北法学》2007 年第 6 期，第 118 页。

种责任方式。即，该说认为中国法对于环境侵权行为提供了多种救济方式以及手段，中国环境民事责任的特点就是，明确规定了受害人可以同时根据侵权行为请求损害赔偿以及侵害排除两种救济方式。这种立法与英美法系中的 Nuisance（可以同时请求损害赔偿与排除侵害）相似，而与德国法、日本法等大陆法系民法典分割构造是不同的，因为这些民法典中往往在侵权行为部分规定损害赔偿，而人格权或物权法中则规定侵害排除。侵权行为说认为这种分割构造对于环境污染的受害人的保护是不利的，因此需要确立损害赔偿和侵害排除一体化的救济方式。[①]

关于环境侵害排除的第三种学说是与日本二元说相近的学说。[②] 比如，有学者将环境问题分为生活妨害（近邻妨害）和对环境的侵害两类，前者通过物权法的相邻关系调整，确立如德国法上的 Immission 制度。与此相对，后者则主要通过侵权行为法和环境法进行调整。该说的理由主要有以下两点。第一，生活妨害与环境污染是不同的。生活妨害主要是煤烟、恶臭、噪声、振动等对领地的不动产，而不包含固体、液体的污染以及大规模大气污染等，而环境污染主要是因工业活动而导致的大气污染、水污染、噪声污染、固体废弃物污染等，与生活妨害相比其危害性极大，受害也极其严重。第二，一分为二的解决方法更有利于两者的救济。具体来说，生活妨害的情况，受害人可以根据物权请求排除妨害，没有必要通过侵权法救济。因为通过侵权法的救济就需要满足侵权行为的诸要件，而通过物权救济，可以避免损害有无之证明、因果关系的证明以及诉讼时效等限制。与此相对，后者则可以通过侵权法和环境法，基于侵权行为请求侵害排除。优点是侵权法是以损害赔偿作为主要目的，可以迅速救济受害人，而环境法设置了特别的救济制度，在无过失原则、因果关系的推定以及证明责任导致等方面对受害人更为有利。[③]

二元说中有个很有趣的现象。这就是崔建远教授的观点。如上文所述，在民法学说中，崔教授将侵害排除请求权定位为绝对权请求权，而且反对折中说。但是在环境侵害排除的情况下，崔教授附条件认可了竞合模

---

① 如王明远《环境侵权救济法律制度》，中国法制出版社 2001 年版，第 288—289 页。

② 虽然没有人明确提出二元说。

③ 参见钟卫红《论环境侵害排除与利益衡量》，《汕头大学学报》（人文社会科学版）2002年第 4 期，第 61—62 页。

式。崔教授认为，在环境侵权的场合，将侵权行为的承担方式仅限于损害赔偿的观点虽然在内部可以达到协调，但是对受害人的救济确实可能带来不恰当的结果。也就是说，在环境利益受到侵害的情况下，受害人不仅可以选择物权请求权或者绝对权请求权，也可以根据侵权行为请求侵害排除。崔教授参考了日本环境侵害排除诉讼的相关经验，指出根据物权、人格权、环境权等绝对权请求排除侵害存在各种困难，而侵权行为说无须以物权乃至人格权等绝对权为前提，在适用范围上较权利说要广，所以在环境污染的场合可以考虑将侵害排除理解为侵权行为的承担方式。① 也就是说，崔教授认为在环境侵权的场合，有必要扩充侵权行为的救济方式，在一定条件下承认了二元说。②

与日本侵害排除的根据论不同，中国学界并未对环境侵害排除二元说产生多大的兴趣和关注，而且中国的二元说与日本的二元说在内容上也有所差异。日本的二元说将权益分为生命健康等核心权利以及其他权利利益，确定不同的判断基准从而判定侵害排除之可否。与此不同，中国的二元说认为两种根据存在竞合关系，当事人可以选择两者之一。也就是说，中国的二元说虽然也是从环境利益的多样性出发，但是与日本二元说不同，并没有特别注意将环境利益的位阶进行分层化。

上文简要概述了关于中国环境侵害排除的法律性质的相关学说。中国环境法学界虽然对于侵害排除的法律性质各有看法，但是实际上对这个问题并不关心，当然也难说哪种学说是通说。理由主要有以下两点。第一，中国的民事乃至环境关系的立法都已经明确规定了侵害排除请求权，当事人可以同时请求损害赔偿与侵害排除，即中国法认可了一体化的救济模式。因此，也就没有深究侵害排除根据的必要了。第二，民法中关于侵害排除的性质的争论目前还没有一个定论，这也多少影响了环境法里关于侵害排除性质的讨论。如果将民法上的侵害排除请求权理解为基于绝对权的

_____

① 参见崔建远《物权救济模式的选择及其依据》，《吉林大学社会科学学报》2005 年第 1 期，第 128—129 页；崔建远《论物权救济模式的选择及其依据》，《清华大学学报》（哲学社会科学版）2007 年第 3 期，第 115 页。

② 对于环境问题，除了二元说，崔教授还提供了其他方案。比如，通过人格权利法，将环境侵害视作人格权侵害，或者修改《环境保护法》之时，将环境侵害视作侵害环境权。如此，便可以维持权利说的相关观点了 [参见崔建远《论物权救济模式的选择及其依据》，《清华大学学报》（哲学社会科学版）2007 年第 3 期，第 115 页]。

排除妨害请求权的话，环境侵害排除则应该倾向于基于人格权或者环境权等绝对权的反射力。反过来说，如果将民法上的侵害排除理解为侵权行为的救济手段之一的话，那么环境侵害排除也应该理解为环境侵权的承担方式。因此，如果民法上的讨论没有定论的话，讨论环境侵害排除的性质论自然会困难不小。由于以上两个理由，中国环境法学界对于环境侵害排除并没有深入的讨论。但是，多数学者认为仅仅根据物权或者环境权等绝对权难以应对环境污染受害的多样性问题。

三 要件论

中国虽然在立法上确立了侵害排除请求权，但是并没有详细规定这种请求权的成立要件。因此，我们就有必要讨论在什么情况下应该认可侵害排除请求权。此外，在实务上，围绕侵害排除的运用，也产生了不少问题。比如，对于是否支持当事人的侵害排除请求，法院的判断往往带有一定的随意性。更有甚者，法院认为其无权要求污染人停止污染行为。[1] 此外，即使判决认可了侵害排除，也往往是一种抽象不作为的形式而缺乏具体的执行措施，从而失去侵害排除的实效性。[2] 可见，具体的侵害排除论是摆在学者面前一个重要的课题。本章将于下一部分分析具体的判例，这里首先概括学说中侵害排除要件论的概要。

首先关于环境侵权，中国的《民法通则》第 124 条、《侵权责任法》第八章以及《环境保护法》第 41 条将其定位为一种特殊的侵权行为。在此基础上，在这些条文中，与一般侵权行为不同，并没有规定"过失"要件。所以将侵害排除视作侵权行为承担方式的侵权行为说至少在环境侵权的情况下是无须考虑过失要件的。这也成为侵权行为说所提倡的救济一体化的理由之一。此外，在考虑环境侵害排除之时，违法性也是一个重要的问题。本来在关于侵权行为的要件方面，是否需要违法性要件在中国的学界就已经存在争论。[3] 在环境侵权的场合，也存在违法性不要说和违法

---

[1] 参见吕忠梅《环境法新视野（改订版）》，中国政法大学出版社 2007 年版，第 147 页。

[2] 参见罗丽《环境侵权侵害排除责任研究》，《河北法学》2007 年第 6 期，第 118 页。

[3] 关于中国违法性要否的争论，参见拙稿「中国の新『不法行為法』と環境責任」立命館法学 332 号（2010 年）99 頁以下；片岡直樹『中国環境汚染防治法の研究』（成文堂，1997 年）475 頁以下；文元春「中国の環境汚染民事差止についての序論的考察—中国の学説および判断を中心として（1）」早稲田法学会誌 61 卷 1 号（2010 年）406 頁以下。

性必要说。比起一般侵权的场合，在环境侵权的场合违法性不要说得到更多支持。另外，在侵害排除的场合是否需要违法性要件呢？虽然在法律条文上并没有违法或者非法等字眼，但是侵害排除中违法性到底如何定位只能日后进一步研究了。

其次，一般认为，从个人行动自由的价值来看，除非存在异常危险性，不应该认可侵害排除请求。因此，侵害行为的持续性、反复性以及损害恢复困难性是侵害排除的必要条件。① 此外，一部分学者提出，中国应该导入英美法系中的禁令制度（Injunction），确立几种不同的侵害排除的具体形态。也就是说，除了完全侵害排除，还应该创立部分侵害排除以及替代性损害赔偿等比较灵活的制度。所谓部分侵害排除指的是对污染者的行为加以一定的限制的同时，受害人也必须承担一定的忍受义务。比如说，限制工厂或者设施的运营时间或者排污时间，限制机场的进出港时间，限制建筑工地的施工时间，令其改善污染设施，禁止一部分加害活动等。所谓的替代性损害赔偿（Damages in Lieu of Injunction）指的是对于持续性反复性的妨害，如果不宜下达禁令的话，原告可以请求损害赔偿以代替禁令。② 法院通过利益比较衡量灵活使用上述各种侵害排除制度。③ 但是有学者也对这种学说提出了批判。即，既然侵害排除适用的前提是损害难以弥补，那么此时就必须承担侵害排除责任。反过来说，如果受害人是可以得到补偿的话，就没有适用侵害排除的必要性，既然不适用侵害排除，也就没有所谓的替代性损害赔偿的存在。④ 此外，对于英美法系中的这种制度可以预料的是各种质疑会不断涌现，比如英美侵权法中的禁令制度（Injunction）是否适合大陆法系的历史背景以及法律传统，该制度与现有法律制度（尤其是绝对权请求权）是何关系等。⑤ 此外，还有批判说

① 参见王明远《环境侵权救济法律制度》，中国法制出版社 2001 年版，第 290 页。

② 参见王明远《美国妨害法在环境侵权救济中的运用和发展》，《政法论坛》2003 年第 5 期，第 38 页。

③ 参见王明远《美国妨害法在环境侵权救济中的运用和发展》，《政法论坛》2003 年第 5 期，第 38 页；王明远《环境侵权救济法律制度》，中国法制出版社 2001 年版，第 290—291 页等。

④ 刘清生：《论环境侵权排除责任》，《西南交通大学学报》2009 年第 4 期，第 133 页。

⑤ 参见崔建远《绝对权请求权抑或侵权责任方式》，《法学杂志》2002 年第 11 期，第 43 页；崔建远《物权救济模式的选择及其依据》，《吉林大学社会科学学报》2005 年第 1 期，第 128 页。

认为在大陆法系，以上各种侵害排除的具体形态不过是法院支持侵害排除请求之后出现的执行问题而已。

最后，在判断是否支持侵害排除请求权之时，中国的环境法学界很早便开始强调利益衡量的重要性了。也就是说，在环境侵权的场合下，情况往往极其复杂，而且被侵害的利益也是多种多样的。与一般的持续性侵权不同，多数污染行为由于具备一定的合法性乃至社会公益性，所以一般认为不能一律排除污染行为。因此，就需要在比较环境污染带来的社会利益与因环境污染致使受害人遭受的损害的基础之上，综合考虑侵害行为的性质、样态、合理性、排除的可能性以及受到侵害的利益的性质、内容等因素。① 虽然学者提出的利益衡量论的内容多少是有些差异的，但是基本框架是相似的。即，通过如下方法进行利益衡量。首先，根据受害利益的性质划分侵害排除的判断基准。比如，有学者在参考日本的学说的基础上，提出了阶段性利益衡量论。具体来说，将受害利益分为身体性人格权、精神性人格权以及财产权，加害行为侵害或者可能侵害受害人的生命、身体健康（即身体性人格权）的，法院就无须经过利益衡量而应该支持侵害排除请求。但是，在其他法益受到侵害时，法院就需要综合考虑受害的盖然性、受害程度、加害行为的公共性、地域性、环境影响评价、对居民的说明、防治措施的期待可能性、土地利用的前后关系、加害人的主干恶意等因素，以判断是否支持侵害排除请求。② 还有学者认为，需要将环境法益进一步细分化。也就是说，将环境利益分为生命身体健康权（人身权）、财产权、单纯的精神利益以及生活利益的基础上，人身权受到侵害的情况不认可利益衡量的余地，财产权受到侵害的情况则进行有限的利益衡量，与此相对，单纯精神利益或者生活利益受到侵害的需要广泛考虑各种利益衡量的要素。③ 因此，人身权受到侵害的场合，认可侵害排除请求的可能性是最高的，其次是财产上的权利，再之后就是精神利益或者生活

---

① 如蔡守秋编《环境资源法教程》，高等教育出版社 2004 年版，第 409—410 页；罗丽《中日环境侵权民事责任比较研究》，吉林大学出版社 2004 年版，第 376—378 页等。

② 参见罗丽《环境侵权侵害排除责任研究》，《河北法学》2007 年第 6 期，第 119 页；相同意见的还有，李劲《环境侵权侵害排除责任方式研究》，《行政与法》2007 年第 3 期，第 102 页。

③ 比如钟卫红：《论环境侵害排除与利益衡量》，《汕头大学学报》（人文社会科学版）2002 年第 4 期，第 63 页等。

妨害乃至环境利益。①

总结以上要件论可知，中国学说中环境侵害排除的要件论具有以下几个特征。首先，要件论的讨论与侵害排除的根据论或者性质论并无充分的关联。或者说，两者之间似乎是在一种无关系的状态下平行讨论的。也就是说，与民法中的讨论相比，环境法领域的侵害排除要件论的讨论几乎不涉及侵害排除的性质、根据等联系。因此，在讨论侵害排除的要件论之际，也就只能讨论利益衡量论等个别问题了。实际上，侵害排除采取何种理论基础是与侵害排除的要件紧密相连的。比如说，是采用侵权行为说还是绝对权说就会对受害的评价、利益衡量的方法等产生深刻的影响。这与侵害排除是否为明文所规定关系并不大，因此今后需要对这个问题做进一步深入研究。

其次，中国式的利益衡量论确实是受到了日本学说，尤其是二元说中对环境利益的类型化的影响。具体来说，一部分学者将受到侵害的环境利益分为身体性人格权和其他利益，前者尽量不考虑利益衡量而直接认可侵害排除请求，而后者则需要考虑多种因素以判断是否支持侵害排除请求。但是，这些学者的观点并没有得到学界的注意，而且正如上文所言这些学说也几乎没有涉及其理论根据。再者，这些学说几乎没有对裁判实务产生影响。另外，由于受到日本法"忍受限度论"的影响②，学界并没有注意到上述判断框架中的权利利益的二阶段化现象。也就是说，虽然多数学者以环境问题的多样性为理由列举了多种需要考虑的要素，但是并未见对其进行类型化，而何种情形下以何种基准进行利益衡量也并不清楚。结果是，忍受限度论可能变成了毫无限制的利益衡量论。③ 其后果之一就是，

---

① 参见张梓太《环境法律责任研究》，商务印书馆 2004 年版，第 124 页。

② 中国学界很早就开始注意到了日本忍受限度的研究（如陆青《从日本公害判例看忍受限度论》，《国外法学》1982 年第 3 期，第 64 页以下等）。最近的研究，参见张利春《日本公害侵权中的"容忍限度论"述评——兼论对我国民法学研究的启示》，《法商研究》2010 年第 3 期，第 120 页以下。

③ 中国利益衡量论受到日本学说（特别是加藤一郎、星野英一教授的学说）较大的影响。实际上中国的学者也极其重视利益衡量论的运用［比如梁慧星『民法解释学（第三版）』（法律出版社，2009 年）］。在环境法律问题上，受到加藤一郎、野村好弘、淡路刚久等教授的影响，几乎所有的学者都提倡利益衡量论的运用（比如罗丽《中日环境侵权民事责任比较研究》，吉林大学出版社 2004 年版，第 362 页以下；罗丽《环境侵权侵害排除责任研究》，《河北法学》2007 年第 6 期，第 118 页以下等）。

在中国的利益衡量论中就出现了过于重视公共性的倾向。考虑到中国对于经济发展、促进就业等社会公益以及污染行为的将来价值向来过于重视，这种倾向便可能是一种值得警惕的趋势。[1]

四　裁判实务的动向

在环境诉讼中，几乎没有人会否定侵害排除请求的重要性。在中国的环境裁判实务当中，几乎所有的情况都是原告同时请求损害赔偿与侵害排除的。但是，法院对于侵害排除请求，多数是熟视无睹，而支持侵害排除请求的更是少之又少。[2] 加之，中国的裁判文书并不是所有的都以判例集的形式公开的，整体上还有相当数目的判决理由是不充分的，因此要把握中国判例的整体是极其困难的，甚至是不可能的。此外，在中国的现阶段，判例何种程度上影响侵害排除理论是存在疑问的。从上面几个事由来看，要掌握中国裁判实务中的侵害排除论的整体，就只能待判例研究的深化以及判例的积累达到某种程度之后了。在这部分，只能通过现有搜集到的裁判文书，[3] 总结判例中环境侵害排除论的特征以及问题点。[4] 下面对于中国判例的分析是从公开的数据库中搜集的 400 多个判例中整理出来的，这些判例都是很有特点的，且都具有一定的代表性。但是正如本书反复指出的，想要把握环境侵害排除诉讼的全体还是不够充分的。

第一，多数环境诉讼中，原告都是同时请求损害赔偿和侵害排除的。对于损害赔偿，法院往往从要件事实的侧面（违法性、损害、因果关系等）详细判断是否支持损害赔偿请求。但是，对于侵害排除多数判例却是避而不答，没有做出任何回应。但是这种做法导致侵害排除请求落入一种极其不明了的状态，显然不是诉讼所应该追求的。此外，这种做法致使

---

① 相同意见，如李慧玲《论我国"排除危害"环境责任及其立法完善》，《湖南行政学院学报》2007 年第 6 期，第 105 页；刘清生《论环境侵权排除责任》，《西南交通大学学报》2009 年第 4 期，第 131 页等。

② 参见吕忠梅ほか「中国環境司法の現状に関する考察——裁判文書を中心に」龍谷法学 43 巻 3 号（2011 年）384 頁。

③ 以下数据除非特别注明都出自北大法宝数据库。

④ 关于中国最近环境侵害排除的判例的介绍，参见文元春「中国の環境汚染民事差止についての序論的考察——中国の学説および判例を中心として（1）（2 完）」早稲田法学会誌 61 巻 1 号（2010 年）383 頁、62 巻 1 号（2011 年）237 頁。该论文详细介绍了 10 个有特点的判例，同时指出想要概括中国侵害排除的整体是极其困难的。

持续性的污染行为难以得到遏制，也脱离了原告请求的本意。例如，以下判例就集中体现这个问题。

判例一：浙江省湖州市渔民诉化学公司案① （水质污染）

本案是因水质污染受到损害的养殖场向排出污染物质的五大化学工厂提出的侵害排除以及损害赔偿请求的案件。一审以及二审法院都以养殖场的蛙类和蝌蚪的死亡与被告的污染行为不存在必然因果关系为由，驳回了诉讼请求。本案一直到了最高人民法院。最高法院虽然认可了因果关系举证责任的倒置，但还是没有判断是否支持侵害排除请求。

判例二：万洪祥、张茂春诉棒冰厂案② （噪声污染）

原告以下述理由向被告提出侵害排除以及精神损害赔偿的请求：被告擅自在原告住宅的后面开了棒冰厂，从工厂发出的噪声给原告及其家人的健康造成了恶劣影响。法院做出了以下判断，但是对于侵害排除的可否还是没有做出清楚的判断：本案住宅地区属于居民集中的地区，而且从国家环境标准上来看，本地域的噪声基准是白天55分贝以下，晚上45分贝以下。但是被告工厂发出的噪声在白天达到了76.7分贝，显然已经超过了环境标准。因此，被告工厂发出的噪声严重影响了周边的居民，给原告及其家人的生活以及健康带来了损害，所以被告应当承担损害赔偿（精神损害赔偿）的责任。然而对于侵害排除却没有做出判断。对于如何看待被告今后的污染行为，法院也没有做出明确的判断。

判例三：阴秉权等诉北京铁路局案③ （振动粉尘污染）

原告的住宅附近有几条铁路线交叉，每日许多班次的火车经过。以火车经过的噪声振动以及粉尘污染侵害生命健康为理由，原告向北京铁路局请求损害赔偿与侵害排除。对于原告提出的火车通过对原告的休息以及工作造成影响的损害赔偿请求，法院认为原告没有提出证明损害存在的证据，所以不支持原告提出的损害赔偿请求。对于原告提出的噪声粉尘造成

---

① 裁判文书见浙江省平湖市人民法院（1996）平民初字第23号（第一审）、浙江省嘉与市中级人民法院（1998）嘉民再终字第2号（第二审）、浙江省高级人民法院（2000）浙法告申民再抗字第17号、最高人民法院（2006）民二提字第5号。关于本案的详细介绍参见王燦発「中国において訴訟が環境権の保護および環境保全に果たす役割および今後の課題」新世代法政策学研究6号（2010年）55—60頁。

② 参见江苏省涟水县人民法院（2000）涟民初字第1117号。

③ 参见北京铁路运输法院（2001）京铁初字第23号。

疾病（高血压、心脏病等）的事由，法院认为这与被告的行为之间不存在因果关系，所以也不认可对此的赔偿。最后，法院认为，北京铁路局的行为并没有超过国家的环境标准，所以没有违法性。也就是说，以北京铁路局的行为没有违法性、原告难以证明损害存在、被告行为与原告损害之间不存在必然因果关系为由，法院认为侵权行为并不成立。因此，法院判定被告无须承担任何民事责任，结果并没有判断是否支持侵害排除。

以上三个判例中，原告都同时提出了损害赔偿和侵害排除请求，但是无论是支持损害赔偿请求的判例一（最高人民法院判决）、判例二，还是驳回损害赔偿请求的判例三，结果是始终没有对是否支持侵害排除请求作出任何判断。如此，既然连对侵害排除作出判断都回避了，那么就更难看出法院对于侵害排除的根据以及要件的态度了。令人难解的是这种不判断侵害排除之可否的判例在全体判例中还占到了相当高的比例。

第二，还有一个问题是法院虽然与损害赔偿同时对侵害排除之可否做出了判断，但是对于判断的理由，有不少判例几乎没有作出说明。也就是说，在判决主文中，对于是否支持侵害排除请求法院做出了明确的判断，但是这种判断的理由以及思路还是不明确的。① 比如说，下述判例就是例子。

判例四：李明、王军诉北京庄维房地产开发有限公司案② （噪声污染）

原告与被告于 2001 年签订了商品房买卖合同，购买了小区中某住宅。但是，从入住开始地下室的泵发出的噪声便一直不见停歇，给原告的休息和生活产生了重大影响。原告以此为理由，请求停止噪声侵害和精神损害赔偿。法院认为，被告的污染构成侵权行为，判决被告采取有效措施减轻泵的噪声，或者更换泵，以改善原告的住宅环境，即认可了侵害排除请求。此外，法院认定本案噪声已经超过环境标准，给原告的健康以及环境利益造成了重大损害，此时即便没有发生实际的经济损失，或者即便通过

---

① 关于这点，详细探讨了中国环境侵害排除判例的文元春博士也认为，多数中国判例的主旨部分并没有充分展开法律问题的论述，而且这种现象在 2000 年之前的判例中更为明显 [参见文元春「中国の環境汚染民事差止についての序論的考察——中国の学説および判例を中心として（2完）」早稲田法学会誌 62 巻 1 号 （2011 年） 272 頁]。

② 参见北京市丰台区人民法院 （2005） 民初字第 02152 号 （一审）；北京市第二中级人民法院 （2005） 二中民终字第 11779 号 （二审）。

机器难以检测到损害，被告也必须作出赔偿。但是，本案对于侵害排除的法律性质以及支持侵害排除的判断框架几乎没有做出说明。

判例五：陆耀东诉上海永达中宝汽车销售服务有限公司案①（光污染）

被告的建筑物与原告的住宅仅有 20 米左右的距离。被告的街灯每晚 7 点一直开到早上 5 点，而且两者之间没有任何遮挡街灯的东西。原告诉称，由于街灯灯光严重侵害了其夜晚的休息，以此为理由，向被告请求侵害排除以及损害赔偿。法院最终支持了侵害排除请求。即，法院认为本案的照明已经超过了一般民众普遍的忍受限度，超过了上海市城市环境照明规范标准。因此，该光污染给原告的正常居住环境和健康生活造成了损害，构成环境侵权。加之，被告难以证明光污染行为具有合理的免责事由，所以必须承担侵害排除责任。由上可见，法院虽然支持了侵害排除请求，但是对其理论说（依据以及要件）都没有明确作出回应。

从以上两个判例中可见，虽然都认可了侵害排除请求，但是都未见涉及侵害排除法律性质和判断要件的分析。② 给人的印象是，仿佛侵害排除请求只是损害赔偿请求的附属物，而无单独讨论的必要性。然而，以上判例中也有一点是必须注意的。即，法院在判例四中提到了污染行为超过国家的噪声环境标准，判例五中则提到污染行为超过上海市的照明基准。环境标准当然是与损害赔偿的违法性有关联的，但是在上述两个判例中，其发挥了决定是否支持侵害排除请求的关键性作用。这种对环境基准的重视，在其他判例也并不少见。可以说，环境标准是中国环境侵害排除诉讼中最受重视的要素之一。

第三，中国的环境侵害排除还有一个明显的特征。即，在相邻关系等环境影响停留在一定范围的污染行为，或者噪声震动等超过国家环境标准的情况下，法院一般比较容易认可侵害排除请求。与此相对，在大气污

---

① 《最高人民法院公报》2005 年第 5 期第 40 页。关于本案的评论，参见文元春「企業の照明による『光汚染』とその差止——『最高人民法院公報』の一裁判事例を素材として」比較法学 45 巻 2 号（2011 年）178 頁以下。

② 比如，文元春「中国の環境汚染民事差止についての序論的考察——中国の学説および判例を中心として（2 完）」早稲田法学会誌 62 巻 1 号（2011 年）272 頁以下指出，中国裁判実例的特征如下：几乎见不到对于具体的法律根据的论述，与此相关，也很少有对具体的侵害排除要件的分析。上述两个判例可以说是典型。

染、水质污染等广泛影响社会经济生活，或者具有公共性的设施产生污染的情况下，法院一般都会否定受害者的侵害排除请求。① 比如，下面这个判例就是有关公共交通的判例。

判例六：王大丰诉北京市公交公司案② （噪声污染）

原告是居住在北京市朝阳区望京利泽西园小区的居民。该小区旁边就是被告北京市公交公司第七分公司的停车场。原告以停车场噪声超过环境标准，严重影响生活休息为由，向被告请求侵害排除和损害赔偿。法院认为，良好的环境以及幸福的生活是市民的共同利益。但是，法院还是以以下理由驳回了侵害排除以及损害赔偿请求。即，原告所在地区属于国 II 标准③地区，噪声的发生源来自各方。而且夜间被告停止运行期间，该地区噪声有时也超过环境标准。虽然噪声些许超过了国家环境标准，但是从发生源的多样性来看，并不是被告一方的责任。

可见，与损害赔偿一样的理由，即该判决以难以认定因果关系为由，驳回了侵害排除请求。但是，本案中的公交公司涉及了公共交通，如果认可侵害排除的话，便会给相当数量的居民的出行造成影响。因此，一般认为法院很难认可对于这种情形的侵害排除请求。可见，法院真正驳回诉讼请求的理由在于公共性要素的考量。像本案一样，中国环境侵害排除诉讼中，在涉及公共性的情况下，即便侵害了生命健康利益，法院也几乎不会支持侵害排除请求。特别是受害人的人数难以与公共交通工程带来的公益性相比的情况下，几乎都是以牺牲前者以达成后者的方便。

第四，关于侵害排除的执行，还有具体措施不够充分的问题。也就是说，法院在做出侵害排除判断之时，往往是向加害人命令某种形式的抽象不作为，而加害人该如何实现侵害排除的内容缺乏明确的具体执行措施。④ 虽然在中国并不存在日本侵害排除诉讼中所出现的抽象不作为请求的合法性问题，但是反过来在判决中，由于侵害排除的判断过于抽象，此时是否可以实现侵害排除请求便成了一个问题。而且这也会在一定的程度

---

① 相同意见参见罗丽《中日环境侵权民事责任比较研究》，吉林大学出版社 2004 年版，第 339 页。

② 参见北京市朝阳区人民法院〔2004〕朝民初字第 06781 号。

③ 根据中国国家噪声标准（城市地区环境噪声标准 GB3096 - 1993），适用国 II 标准的地区是住宅、商业、工业混合区。白天最大噪声 60 分贝，晚上最大噪声 50 分贝。

④ 参见罗丽《中日环境侵权民事责任比较研究》，吉林大学出版社 2004 年版，第 340 页。

上影响到侵害排除制度运用的效果。

第五，在判例中，虽然多数情况下法院并不详细指出侵害排除的法律性质以及判断要件，但是仅有的做出判断的判例中，也未必都是一致的。但是，其中多数与侵权行为说的学说是一致的。也就是说，如果法院认为成立侵权行为的话，那么认可侵害排除的可能性就会变大。同时，如果法院认定不属侵权行为的话，几乎难以支持侵害排除请求。此外，判例还有一个明显的特征是，一般首先判断污染行为是否构成侵权行为，然后作为附属性作业，同时判断是否支持侵害排除请求。比如说，下面这个判例就是典型。

判例七：山西省文水县关镇周村村委会、吴庆信诉山西省文水县文源化学有限公司案①（水质污染）

被告工厂排出的污染物质污染了原告山西省文水县关镇周村村委会的灌溉井水以及原告吴庆信清洗小麦工厂的井水。由此导致村委会农作物的减产以及吴庆信工厂的倒闭。原告们向被告请求损害赔偿以及排除危害。法院以以下理由支持了原告的诉讼请求。即，因污染造成原告减产等损失是客观存在的，且还存在进一步扩大的趋势。对于污染行为，原告一方不存在过失。被告一方没有遵守"三同时"②的规定，也不积极解决污水问题，主观上存在过失。因此，被告的行为属于侵权行为。由此，判决被告应当积极排除危害、进行污水管理并承担完全赔偿责任。

本案中，法院首先逐一探讨了环境侵权的要件，明确指出成立侵权行为。以此为根据，不仅支持了损害赔偿请求，还认可了侵害排除请求。实际上，在上述判例四和判例五中也可以隐约看到这种判断模式。也就是说，在这些判例中，由于属于侵权行为，所以自然也就支持了作为侵权行为承担方式的侵害排除。由此可以说，除去无视侵害排除的众多判例，中国的法院实务中侵权行为说是最为有力的观点。

那么中国侵害排除裁判实务中出现以上特点以及问题的原因是什么

---

① 参见山西省吕梁地区中级人民法院〔1996〕吕民初字第 8 号。

② 根据《环境保护法》第 26 条的规定，三同时制度指的是"建设项目中防治污染的措施，必须与主体工程同时设计、同时施工、同时投产使用。防治污染的设施必须经原审批环境影响报告书的环境保护行政主管部门验收合格后，该建设项目方可投入生产或者使用"。关于中国三同时制度，参见孟根巴根「中国における環境汚染未然防止法制度——『三同時』制度の特質と機能を中心に」北大法学論集 61 巻 4 号（2010 年）103 頁以下。

呢？首先，在当前阶段的中国，经济优先的思潮还是相当有力，法官在判断中往往过多考虑了案件的社会关系以及法律秩序。结果是，一方面，特别是对于像判例六这样的事关公共性的污染行为，往往不会认可侵害排除请求。另一方面，对于污染企业的侵害排除请求往往是通过政府的行政手段得以实现的。因此，通过民事诉讼或者行政诉讼请求侵害排除的案件也就不多了。① 尤其是与损害赔偿这种间接且柔和的手段相比，侵害排除对于侵害行为是更为直接和激烈的手段。所以，当今阶段，中国的政策导向是尽量避免采取对企业有致命性打击的侵害排除手段。其次，中国的民事法以及环境法都已经明确确立了侵害排除。正如前文所述，民法与《环境保护法》的规定体裁有所差异，而且都没有提及具体的侵害排除要件。由此，法院对于侵害排除的适用采取了较为谨慎的姿态。此外，在民事责任中，（侵权）损害赔偿的要件在学界以及实务界都已经有了一定的规范。与此相对，对于侵害排除的要件是不明朗的，尤其是在损害结果尚未显现的阶段，利益衡量对于法院来说是一个困难的课题。最后，诚如前文所述，判例中侵害排除的根据不明的比例是相当高的，除去这些根据不明的案件，侵权行为说是最为有力的。这是因为中国的民事责任制度中，侵害排除被定位为民事责任的承担方式，而且法律上也是一种侵权责任的承担方式。这种传统也多少影响了法院的判断。还有一个原因是研究上虽然也有各种争论，但是对于损害赔偿的要件已经形成体系且已有相当成熟的论述了。与此相对，对于侵害排除的法律性质及其要件还没有什么研究，判例也并不多，所以只能假托某种程度上与此相似的损害赔偿的相关研究成果了。

---

① 参见王明远《环境侵权救济法律制度》，中国法制出版社 2001 年版，第 284 页；吕忠梅ほか「中国環境司法の現状に関する考察——裁判文書を中心に」龍谷法学 43 巻 3 号（2011年）384 頁。

第 五 章
环境侵害排除论之再构成

    笔者在第二章和第三章中详细讨论了日本环境侵害排除相关的学说和判例，并指出了日本法的借鉴意义以及中国法的课题。简而言之，首先，关于侵害排除的法律根据，二元说是日本学说中的有力学说。该说认为，在权利（尤其是绝对权）侵害的情况下，应该尽可能不考虑利益衡量而支持侵害排除，而在尚未上升到权利的利益侵害的情况下，需要考虑侵害行为等诸多因素进行判断。其次，判例中侵害排除的根据普遍采用了人格权根据，而关于侵害排除的要件或者侵害排除的判断基准则多采用忍受限度论。虽然学说和判例之间存在一定的差异，但是这种差异其实并不大。这是因为判例中也遵循了学说中普遍的判断基准，即，判例中也包含了二元说的因素。再次，日本法的可借鉴之处有：根据论上权利说与利益说组合而成的二元说是值得借鉴的学说；在采用利益衡量论的基础上，一定程度上限制利益衡量论（即，在生命健康等权利受到侵害之时限制公共性等其他因素的考虑）；虽然侵害排除的根据论影响侵害排除的要件以及判断基准，但是侵害排除的要件以及判断基准未必是从其法理根据上直接推导而出，而需要对这个问题进行单独讨论。最后，在上一章中，笔者提出了以下几个中国法的课题。即，有必要搞清环境侵害排除请求权的法律性质乃至法理上的根据，以及搞清楚基于何种要件或者判断基准判断侵害排除请求之可否。

    上一章中，在关于日本侵害排除论的到达点以及中国法的课题的基础上，探讨了中国民法中侵害排除的法律性质、环境法中侵害排除的现状，以及裁判实务的状况。本章将试图回答上一章提出的中国法的课题。下面本章将从学说以及裁判判例两方面比较日本环境侵害排除论的异同，在此基础上，从立法论以及解释论两方面提出笔者对于中国侵害排除论应有之义的看法。

第一节　环境侵害排除论之中日比较

一　侵害排除的法理根据·法律性质论

先来看侵害排除的法理根据或者法律性质的中日异同。中日侵害排除法理根据主要存在以下三点差异。首先，中日间最大的差异是在立法上是否确立了侵害排除的根据的相关规定。也就是说，日本无论是民法还是环境关系法律都没有侵害排除的相关规定。因此，围绕侵害排除的法律根据，日本学者提出了各种各样的学说。与此相对，中国自《民法通则》以来的民事立法中都已经涉及了侵害排除的规定。正如前文所述，《民法通则》第 124 条以及《侵权责任法》第 15 条都将侵害排除视作民事责任的承担方式，并将其和损害赔偿一起规定。此外，在环境相关法律中，以《环境保护法》第 41 条为代表，也多将侵害排除规定为环境责任的责任承担方式。结果，中国在立法上明确确立了侵害排除制度，也因此对于侵害排除的法律根据便失去了兴趣，也没有出现日本那般深入的讨论。此外，关于侵害排除的立法，日本也出现了以下新动向。在日本进行债权法修改的过程中，对于侵害排除，由学者组成的一个民间研究会提出了以下代表性法律建议案。① 该法律建议案将受侵害的权利分为若干种分别加以规定。这种类型化模式与中国将侵害排除统一规定为民事责任承担方式的一元化模式是不同的。其次，如果从学说上的讨论来看，中日侵害排除论还可以进行如下比较。关于侵害排除的根据，虽然日本的学说很早便存在一元说的观点，但是到目前为止二元说还是最为有力的学说，甚至可以说是日本学说的到达点。与此相对，中国由于已经在立法上确立了侵害排除，侵害排除的根据不至于成为一个太大的问题。但是，关于侵害排除请求权的法律性质在民法上也存在绝对权请求权说和侵权行为请求权说两种截然不同的对立学说。受此影响，环境侵害排除的法律性质也存在争论，

---

① 在该立法建议案中，在民法侵权行为一章中并列规定了损害赔偿和侵害排除。该立法建议案将权益分为权利和尚未上升到权利的利益两种（二层构造），而将权利内部进一步分为生命、身体、自由之类的权利和名誉、信用等其他人格权［关于建议稿说明参见大塚直「差止と損害賠償」加藤雅信編『民法改正と世界の民法典』（信山社，2009 年）129 頁以下。关于立法草案建议稿参见『法律時報増刊：民法改正国民法曹学界有志案』（日本評論社，2009 年）232 頁］。

而其中也并没有提出像日本学说中的二元说一样的有力学说。正好相反，对于环境侵害排除的根据，有不少学者支持单独的绝对权请求权说、侵权行为请求权说或者利益衡量论等一元化的观点。可见，关于侵害排除的法律性质，中国的学说还处于一种混乱状态之中。最后，从裁判实务角度来看，中日的法院采取了不同的侵害排除根据论。日本的判例中虽然偶有采取物权根据或者侵权行为根据的，但是那毕竟是少数，而压倒性多数的还是以人格权为根据的。与此相对，中国由于在立法上将侵害排除规定为民事责任乃至侵权责任的承担方式之一，所以中国的判例多是以侵权行为为根据的。

虽然中日之间存在上述差异，但是中日环境侵害排除论也存在以下相同之处。首先，在学说上，日本学说中二元说从 20 世纪 70 年代以来一直是支配性的学说，到目前为止也没有改变。对于侵害排除的法律性质，中国的学说存在严重的学说对立。即便如此，正如崔建远教授的观点，虽然民法上将侵害排除请求权理解为绝对权请求权的内容，但是在环境污染的场合也承认绝对权请求权和侵权行为请求权存在竞合的可能性。这也可以说是一种二元说。此外，许多环境法学者受到日本学说的影响，将环境问题分为生活妨害和环境污染，各自借助物权法以及《侵权责任法》以应对，这实质上也是一种二元化的倾向。其次，中日环境诉讼中，对于侵害排除的法律根据，相当多的判例都没有明确指出法律根据。正如第三章所指，日本的判例中不说明侵害排除而依靠忍受限度论判断侵害排除之可否的判例是相当多的。与此相同，中国的许多判断并不判断侵害排除请求，或者不说明其根据。这种情况的比例甚至高过日本的判例。

二　要件论

中日之间对于侵害排除的判断要件以及判断基准（要件论）存在以下异同。关于中日环境侵害排除要件论，主要存在以下三点不同。首先，日本的侵害排除论中，学说一般采取根据法益种类划分判断框架的二元说。即，生命健康受到侵害的场合，尽量排除公共性、侵害样态等多种要素的衡量而认可侵害排除，而其他场合则需要在考虑侵害行为的样态、公共性、回避可能性、向居民说明等程序问题、地域性等多种要素的基础上判断侵害排除请求之可否。与此不同，中国的学说中并没有明确建立起类似于二元说（根据法益种类改变利益衡量的方法）的学说。当然，像日本一样，中国也有学说提倡根据权利和利益的不同而设置不同的判断要件，但是更多的学说更倾向于作为侵害排除判断方法的利益衡量论。将这种利益衡量论与日本的学说相比可以发现，日本只有在尚未上升到权利的利益受到侵害的场合下才适用利益衡量，而在核心权利受到侵害的情况下是排除利益衡量论的适用的。可见，中国的利益衡量论本质上是一元说，实质上也是一种一元化判断基准的学说。其次，从裁判实务上来看，中日就侵害排除的判断框架方面也存在差异。在日本，无论采取何种理论根据，最后都是通过忍受限度判断侵害排除请求。而在忍受限度判断中往往包含了极其广泛的判断要素。中国的裁判实务中通过利益衡量论判断侵害排除之可否，但是实际上往往是在侵权行为的框架内来解决这个问题，所以侵害排除之可否往往与侵权行为是否成立，特别是违法性的判断联系在一起的。最后，中日之间对于侵害排除的判断要素也存在差异。在日本，无论是学说还是判例，都详细讨论了侵害排除的判断要素，主要考虑的判断要素包括：①加害的种类和程度、②侵害行为的样态（开始、经过以及状态）、③是否违反公法上的规制、④公共性、⑤地域性、⑥是否有防治措施以及相关努力、⑦先后居住关系、⑧加害人的程序瑕疵、⑨因认可侵害排除而牺牲的加害人的利益与驳回侵害排除受害人遭受的损失的对比等。与此相对，中国的判例中除了是否违反环境标准、公共性之外，很少言及其他判断要素。因此，明确判断要素的内容是今后中国法的课题之一。

另外，中日在环境侵害排除的要件方面存在以下两点相似之处。日本法重视生命健康等权利，这种权利受到侵害或者有受害之虞的场合下，学说认为应该尽可能排除公共性等要素的考量。中国并没有这种重视权利论的传统，但是近年来受到日本环境责任相关学说的影响，出现了新趋势。也就是说，中国的部分学说在批判毫无限制的利益衡量论的同时主张应当有意识地区分生命健康的侵害与其他利益的侵害，前者应当排除利益衡量的适用。从这点上来看，中日之间存在相通之处。其次，中国的学说中也列举了诸多侵害排除的判断要素，比如受害的盖然性、受害的性质程度、加害行为的公共性、地域性、环境影响评价、向居民的说明、防治措施的经济期待可能性、先后居住关系以及加害人的主观样态等。在综合考虑了当事人双方乃至社会整体利益的基础上，决定侵害排除之可否。① 这也基本上是从日本学说中借鉴过来的观点。

第二节　中国法的应有之义

上面以环境侵害排除的根据论与要件论为中心比较了中日之间的异同。加上第二章、第三章中分析的日本法的借鉴意义与中国法的课题的结论，对于中国环境侵害排除论的应有之义，下文将从立法论和解释论两方面提出笔者的见解。

一　立法论

对于中国侵害排除的立法论，从结论上来说，笔者认为应该维持侵权行为法中将侵害排除放入责任承担方式的立法，在此基础上在有关绝对权保护的法律中也应该规定基于绝对权的侵害排除请求权。从权利论的角度看，绝对权受到侵害或者有受侵害之虞之时，从绝对权的权能就应该认可侵害排除请求。因此，正如现行物权法中规定了物权请求权（或者说基于物权的侵害排除请求权）一样，其他有关绝对权保护的法律以及将来的民法典各编中也应该规定各种基于绝对权的侵害排除请求权。除此之外，某种权利或者利益受到侵害或者有受侵害之虞的场合，也应该在侵权行为的承担方式中规定侵害排除的内容。因此，基本上可以维持现行法中将侵害排除放在侵权行为的承担方式中的立法模式。

上述立法论的理由主要有以下三点。第一，这种立法论符合中国的立法传统和裁判实务。正如前文所述，中国的民事立法从《民法通则》的时代开始就树立一个传统，即确立了民事责任单独一章，并将侵害排除并列规定在民事责任的承担方式之中。《侵权责任法》以及《环境保护法》等法律基本上也是沿着这种传统的。此外，中国的物权法已经借鉴了大陆法系尤其是德国法上的物权请求权，在物权请求权中包含了侵害排除的内容。此外，学界也多主张在人格权法等法律中规定侵害排除的内容。另外，如第四章所述，从中国的裁判实务来看，判例多将侵害排除视作侵权行为的承担方式。因此，笔者提出的立法论也符合裁判实务的惯例。第二，这种立法论还有一个优点是，一方面坚持了权利论的重要意义，另一

---

① 比如罗丽《环境侵权侵害排除责任研究》，《河北法学》2007 年第 6 期即是典型。

方面也可以应对环境问题的多样性。正如第二章所分析，权利说在避免毫无限制的利益衡量以及在现行法的存在依据上来说是具有其意义的。但是，在判断侵害排除之可否时，也会出现因为在判断框架上过于死板，难以灵活应对尚未上升到权利的利益侵害的情况。因此，在权利或者利益受到侵害之时，承认侵害排除是侵权行为的承担方式之一是有意义的。这也是日本的二元说可借鉴之处。第三，侵权行为的承担方式没有必要限定于损害赔偿，在《侵权责任法》中同时规定损害赔偿与以损害预防为目的的侵害排除是完全可以的。

二　解释论

根据以上立法论，侵害排除可能是绝对权的效力，也可能是侵权行为的承担方式，即有两种方式存在。那么如何看待两者间的关系呢？对于这个问题，笔者认为可以如下解释环境侵权中的侵害排除论。首先，参考日本学说的有力说二元说，在物权、人格权等绝对权受到侵害或者有受侵害之虞的情形，应该认可作为绝对权效力的侵害排除。与此相对，其他法益受到侵害或者有受侵害之虞的场合，应当将侵害排除视作侵权行为的承担方式。也就是说，在利益侵害的场合应当依据侵权行为，而在权利侵害的场合则依据权利根据。如此一来，便出现了以下问题。即，权利侵害的场合，难道侵害排除就不能被理解为侵权行为的承担方式么？或者，此时是否可以认为绝对权请求权和侵权行为请求权之间存在竞合呢？从中国的现行法尤其是前述侵权行为请求权说中来看，竞合说似乎可以解释这个问题。但是，正如前文所分析的，绝对权请求权并不要求过失、损害等要件，当事人不可能舍弃绝对权请求权而选择更为苛刻的侵权行为请求权。因此，两者之间的竞合并不是由当事人选择，而仅仅是一种法条竞合。也就是说，两者虽然在法条规定上存在竞合，但是实质上在绝对权等受到侵害的场合，只有绝对权请求权才能发挥其机能。这种解释论与上述立法论——承认基于绝对权的侵害排除和作为侵权行为的承担方式的侵害排除的并存——并不存在矛盾。只是在权利侵害的场合，基于绝对权的侵害排除请求权被优先选择，而侵权行为根据则不被认可。

对于这种解释论的观点，还有以下两点是必须补充的。首先，在判断侵害排除之可否时，至少在绝对权（尤其是事关生命健康的权利）侵害的情况下，并不需要存在现实的损害，只要存在损害的可能性即可支持侵害排除请求。其次，对于是否需要过失要件，中国的学界和裁判实务界都认为环境民事责任已经确立了无过失责任，因此本来就无须考虑过失要件。因此，与日本不同，这个问题在中国似乎已无考虑必要。

上文提出了笔者关于侵害排除的根据以及性质的解释论，同时必须要指出的是，必须警戒在生命健康等绝对权受到侵害或者有受到侵害之虞的场合下毫无限制的利益衡量。这是因为中国的学说以及实务似乎过分"关注"了利益衡量的意义，而没有意识到需要通过权利利益分层化区别使用利益衡量的方法。可以说，日本对于这点已经有了充分的自觉，而这点在中国则并没有得到重视。结果可能出现这样的情况：即便核心权利受到侵害，也可能考虑到其他的诸如公共性等要素而不支持侵害排除。日本也曾出现过这个问题，但是在以名古屋南部诉讼判决、尼崎大气污染公害诉讼判决为代表的判例中，已经出现了改变的趋势，逐步克服了这个问题。反过来，中国的利益衡量论也可能存在这个问题。本书一直强调，中国利益衡量论最大的课题是通过衡量方法的明确，防止毫无限制的利益衡量。而以二元说为基础，对法益侵害进行类型化的作业可以说是解决方法之一。

对于法益侵害的类型化，笔者认为可以如下思考。首先，生命、身体、所有权等绝对权受到侵害或者有受侵害之虞的受害人，无须通过考虑其他要素（利益衡量）就可以请求侵害排除。其次，不是绝对权的权利或者尚未上升到权利的利益受到侵害或者有受侵害之虞的场合，以受害的程度为中心需综合考虑侵害行为的样态、是否违反公法上的规制、公共性、地域性、防治措施及其努力、先后居住关系、加害人的程序瑕疵等要素进行判断。最后，与生命健康没有直接关联的精神性利益受到侵害或者有受到侵害之虞的，如果存在一定的损害或者有可能出现损害的话，除了考虑上述要素，还要比较因侵害排除致使加害人牺牲的利益和不支持侵害排除导致受害人的损害，才可以判断侵害排除之可否。

上述类型化对于中国的环境侵害排除论具有以下两点意义。第一，中国的学说并没有意识到利益衡量论的重要性。如何进行利益衡量，是否不管何种法益都使用相同方法等问题并不明朗。特别是，在中国的学说中并没有限制利益衡量论的传统，这种类型化具有非常重大的意义。第二，中国的裁判实务中对侵害排除的判断框架本来就是不明朗的。如果利益衡量论不进行类型化，不明确侵害排除的判断框架的话，这无异于将所有的判断权交给了法官，也就降低了裁判的预测性。因此，从裁判实务的角度来看，这种类型化也是必要的。

正如本书反复强调的，从中国的裁判实务的特征以及问题点来看，侵害排除的要件论是最为重要的课题之一。其中，本书尚未解决的问题就是因果关系要件。在许多判例中法院往往是以不存在因果关系为理由而驳回侵害排除请求的。因此，因果关系要件（包括其因果关系证明责任）是除了侵害排除的判断基准以及判断要素之外重要的课题之一。特别是本书主张对法益进行类型化从而明确侵害排除的判断基准，尤其是限制利益衡量的情况下，生命健康的侵害与污染行为之间的因果关系的证明问题则是具有决定性意义的。那么，该如何理解侵害排除诉讼中的因果关系呢？虽说中国《侵权责任法》已经在立法上确立了环境责任中因果关系证明责任的倒置，① 但是这种证明责任的倒置是否同样适用于侵害排除诉讼还是一个不得不讨论的问题。如果按照二元说的理解，至少在利益侵害的场合，由于采用了侵权行为根据，那么就可以认为存在适用因果关系倒置的可能性。也就是说，此时就可以借用侵权行为要件（尤其是因果关系）的相关讨论。那么在权利侵害的场合又该如何理解因果关系呢？如果采取了权利根据，那么是否意味着就不适用侵权行为中的因果关系证明责任倒置规定呢？但是，如此不仅不能充分预防环境污染，还在逻辑上难以自圆其说，因为更为轻微的利益侵害都适用倒置规定而权利性更强的权利侵害的情况却不适用倒置规定，这在逻辑上是否有问题呢？对于公害环境因果关系的证明困难，日本的学说和判例已经有了一定的积累。比如说，日本根据公害环境污染的特性，提出了下述多种因果关系理论：只要存在相当程度的盖然性便认为存在因果关系的盖然性说；根据经验法则存在本应推定原告证明的事实；通过疫学的手法证明因果关系的疫学因果关系论等。② 这些理论是公害赔偿中的理论，但是可以成为中国侵害排除论中因果关系证明的参考理论。对于侵害排除中因果关系证明的应有之义，本书只有留作今后探讨了。

---

① 参见拙稿「中国の新『不法行為法』と環境責任」立命館法学 332 号（2010 年）92 頁以下。

② 参见吉村良一『公害・環境私法の展開と今日的課題』（法律文化社，2002 年）221 頁以下。

第三节　结语

上文通过比较中日环境侵害排除论的异同，提出了笔者的立法论以及解释论。最后，探讨一下笔者的主张在中国学说讨论中的定位。正如第四章所述，中国民法学说中，围绕侵害排除请求权的法律性质，在绝对权请求权和侵权行为请求权的交错中提出了各种学说。笔者提出的关于环境侵害排除之所说，并不是单纯依据绝对权请求侵害排除的学说，也不是仅仅作为侵权行为承担方式的侵害排除的学说，而是根据受侵害法益的不同组合上述两者的观点。也就是说，在绝对权侵害的场合采取权利根据，而在其他法益侵害的场合则采取侵权行为根据。此外，笔者所说与所谓的折中说也是不同的。这是因为折中说认为由当事人选择绝对权请求权或者侵权行为请求权，但是笔者的主张是两者之间并不存在这种竞合关系（而仅仅是法条竞合）。

本书主张的这种二元说的确立不仅关系到侵害排除的法律性质，而且与环境侵害排除要件论中判断基准的明确化以及利益衡量的限制是相关联的。特别是考虑到中国的环境侵害排除要件论中，并没有确立区分权利和利益从而限制利益衡量的二元说。笔者的主张有以下两大理由。第一，根据二元说设定侵害排除的判断框架既可以坚持权利论的意义，也不失对应环境问题的灵活性。因此，这种二元说的确立关系到中国侵害排除的要件乃至判断基准。第二，正如上文所述，中国的判例中相当一部分采取了侵权行为根据，但是判断的框架却并不明朗。而且，在考虑侵权行为的违法性之时，需要考虑诸多判断要素。结果是即便绝对权受到侵害也可能因为利益衡量而否定侵权行为，从而不支持侵害排除请求。从权利论确立的角度来看，这种状况是有问题的。因此，区分权利和利益，在权利尤其是绝对权受到侵害的场合限制利益衡量论的二元说的确立是防止裁判实务中出现这种状况的方法之一。

当然，中国法学界对于这种根据法益区分设定不同侵害排除判断框架也不是没有讨论，但是这种讨论也仅仅停留在比较法研究的经验，未必与侵害排除的法律性质进行关联研究。与此相对，本书在参照日本侵害排除论的基础上，以侵害排除的法理根据为线索，想要弄清楚环境侵害排除论中二元说的存在根据。也就是说，以日本环境侵害排除论中的二元说

（尤其是泽井裕和大塚直教授的学说）为参考，以侵害排除论的根据论为连接点，通过权利和利益的法益类型化，探明侵害排除的判断基准。笔者的主张正是以这种侵害排除的法理根据为依据而提出的二元化判断基准。这种观点希望给中国法一些思考，还请同行不吝鞭挞指教。

后　记

　　本书的主题一直是笔者学术兴趣之所在。仍记得 2007 年夏天，偶然的机会在中国国家图书馆的日本馆中见到一本叫作《民法の争点》的小书，当时就被其中"侵害排除"（日语称之为"差止"さしとめ）这一小项的理论魅力所吸引。虽然只有短短几页，但是这个在我国民法立法中仅仅是一条带过的名词，没想到竟是一个牵涉如此之广的理论问题，而且这一问题并没有引起我们学界足够的重视。当然，以目前来看，当时确实有些初生牛犊不怕虎，以蹩脚的日语给这篇论文的作者吉村良一教授去信一封，表示希望拜在门下进一步研习日本的环境侵权问题。在不久之后，所幸得到国家留学基金委员会的资助（国家建设高水平大学公派研究生项目），公派日本立命馆大学学习侵权法与环境法。在吉村教授门下，笔者系统学习了日本的环境侵权的立法、理论和判例，提交了博士毕业论文《中日环境民事责任比较研究》。

　　笔者在公派日本留学的三年多时间里，始终对侵害排除问题"魂牵梦绕"。在导师的帮助下，基本整理总结了日本所有关于这个问题的经典论文和专著，搜集了 80 年代之后所有法院对此作出的判例。研究发现，侵害排除理论根据的难度之深，真是远超笔者之想象。这个问题不仅牵涉到我国民法中所说的民事责任方式，侵权责任与债法的关系，民法典的编制，更关系到何为权利、权利与利益的区分、侵权行为制度的目的等权理论问题。当时由于博士论文时间有限，没有进一步深入这个问题，而是以中日民事责任比较为题提交了博士学位论文。

　　回国之后，尽管这个问题具有理论挑战难度，但是反而让笔者对这个问题"不离不弃"、"难以自拔"，于是在中日环境侵权比较研究的基础上，重新对留日期间的资料进行整理，对中日两国的侵害排除理论进行"再反思"。这就是本书的出发点。曾有学界友人善意提醒笔者，国内对环境侵权的研究已经汗牛充栋，你就不要凑热闹了。笔者也承认，环境侵权中的损害赔偿问题，包括损害、违法性、因果关系等相关研究已经不在少数，但是这些往往是环境侵权已成事实的情形下的救济方式，而作为事前救济或者事中救济的侵害排除的意义不在损害赔偿之下。国内对侵害排除的研究还是为了解决侵权之债是否在民法典中独立成编的问题，而不是作为一种预防请求权，在损害发生之前保护环境利益之用。所以，国内对侵害排除的要件以及考虑因素的研究可以说几乎是空白的。因此，本书的主要意义在于探究侵害排除的理论根据及其适用要件，从这方面讲应当是国内的前沿之作。本书的观点主要有：

第一，从立法论上来说，维持环境侵权中将侵害排除视作侵权责任承担方式的现有立法，在此基础上在有关环境权益的绝对权（物权、人格权等权利）保护的法律中也应该规定基于绝对权的侵害排除请求权。

第二，从解释论上来说，笔者认为环境侵权中的侵害排除之法理根据应当采取二元论，即在在物权、人格权等绝对权受到侵害或者有受侵害之虞的场合，应该认可作为绝对权效力的侵害排除。与此相对，在其他法益受到侵害或者有受侵害之虞的场合，应当将侵害排除作为侵权行为的承担方式。

第三，绝对权受到侵害之时，侵害排除同样也可以理解为侵权的责任方式之一。对于这个问题，此时便存在绝对权请求权和侵权请求权的竞合。这种竞合并不是由当事人选择适用的竞合，而是一种法条竞合，只能优先选择绝对权请求权作为根据。

第四，对于环境侵权中的侵害排除，相对于其法理根据，更重要的课题是侵害排除要件的设定。这方面本书提出应当对受侵害的权利进行类型化，对于生命、身体、所有权等绝对权受到侵害或者有受侵害之虞的受害人，无须通过考虑其他要素（无须利益衡量）就有权请求侵害排除。在非绝对权的权利或者其他利益受到侵害或者有受侵害之虞的场合，以损害的程度为中心，需综合考虑侵害行为的样态等要素进行判断是否支持侵害排除请求。在与生命健康没有直接关联的精神性利益受到侵害或者有受到侵害之虞的场合，除了损害要件，除了考虑上述要素，还要比较因侵害行为而使加害人获得的利益和不支持侵害排除导致受害人遭受的损害，方可判断侵害排除之可否。

本书的理论创新之处主要体现在以下几个方面：

第一，对于环境侵权中侵害排除的理论根据，本书通过比较法研究，阐述最新的学术成果，提出了二元说，即，根据受侵害的利益是绝对权还是其他权益，分别采取绝对权请求权和侵权请求权两种根据。这样既考虑到了我国现有法学理论以及司法实践的相关做法，又符合传统大陆法系的民法理论。这种新学说目前国内学者还没有研究成果，因此可以说是开创性的观点。

第二，提出具体的侵害排除的要件。目前学界虽然针对侵害排除的要件提出了所谓的利益衡量论，但是将所有的因素都放入利益衡量来考虑并不能解决环境侵权中是否适用侵害排除的问题。本书提出体系化且具有可操作性的要件，这也是目前我国学界所欠缺的。

第三，将环境侵权中受到侵害的环境权益分为绝对性环境权益（生命健康权、物权等绝对权）、一般性环境权益（绝对权之外的权利）以及精神性环境权益（不直接产生健康损害的利益）三种，根据不同的环境权益设置不同的侵害排除要件。

本书的出版，希望引起国内学界对侵害排除理论问题的重视，也希望实务界重视侵害排除对环境救济的作用。最后，拜请学界同人批评指教，不胜感激。